«Nennen Sie meine Freundin in Ihrem Buch Antonia», bat eine Frau die Autorin Ruth Kuntz-Brunner, «und meinen Freund Antonio.» Sie selbst wollte «Antonietta» heißen. Drei Namen, die dasselbe meinen, drei Menschen, die sich ähnlich und doch nicht identisch sind, die verschmelzen können und trotzdem noch benennbar bleiben. Antoniettas Namensdreieck läßt eine Silhouette erkennen, die hinter den Psychogrammen bisexueller Männer und Frauen auftaucht. Eine seltsame Faszination geht davon aus, eine Erotik, die futuristische Träume und uralte Sehnsüchte im Wunsch nach Befreiung von den Geschlechtergrenzen und nach einer neuen Geborgenheit verbindet.

### Die Autorin

Ruth Kuntz-Brunner, geboren 1943 in Bern, lebt als Journalistin in Hannover. Sie hat Psychologie und Soziologie studiert und ist Autorin mehrerer sozialwissenschaftlicher Studien. Sie schrieb zusammen mit Inge Nordhoff «Heute bitte nicht. Keine Lust auf Sex – ein alltägliches Gefühl» (rororo 9189).

Ruth Kuntz-Brunner

# Bisexualität.
# Doppelte Sehnsucht –
# doppelte Scham

Rowohlt

Originalausgabe
Veröffentlicht im Rowohlt Taschenbuch Verlag GmbH,
Reinbek bei Hamburg, Oktober 1994
Copyright © 1994 by Rowohlt Taschenbuch Verlag GmbH,
Reinbek bei Hamburg
Umschlaggestaltung Barbara Hanke und Nina Rothfos
Satz Sabon (Linotronic 500)
Gesamtherstellung Clausen & Bosse, Leck
Printed in Germany
1290-ISBN 3 499 19678 6

# Inhalt

## Kleine Vorbemerkung

«Nennen Sie meine Freundin Antonia», bat eine Frau, noch bevor sie über ihre bisexuelle Neigung erzählte, «und meinen Freund Antonio.» Und wie wollte sie dann heißen? «Antonietta.»

Drei Namen, die dasselbe meinen, drei Menschen, die sich ähnlich und doch nicht identisch sind, die verschmelzen können und trotzdem noch benennbar bleiben: Antoniettas Namensdreieck läßt eine Silhouette erkennen, die hinter den Psychogrammen bisexueller Männer und Frauen auftaucht. Von diesem Schattenriß geht eine seltsame Faszination aus, eine Erotik, die futuristische Träume weckt und uralte Sehnsüchte, den Wunsch nach endgültiger Befreiung von den Geschlechtergrenzen und nach einer neuen Geborgenheit.

Bisexualität entspricht der heutigen Zeit. Daß sie gerade jetzt thematisiert und allmählich vom Geruch einer unreifen, unentschiedenen sexuellen Identität befreit wird, macht Sinn. Denn eindeutige Lebenskonzepte und Geschlechterrollen sind kaum noch durchzuhalten. Den zeitgemäßen Lebensstil bestimmen vielfältige Selbstdefinitionen und Denkmodelle, das spielerisch Gestylte und durchlässig Androgyne verdrängt Tradiertes und starre Geschlechterrollen. Auf diesem noch nicht erforschten Feld experimentierten bisher hauptsächlich Künstler. Wie Djuna Barnes, die die trügerische Faszination der Bisexualität erfaßte und sie doch als einzig mögliches Spiel mitspielte: «Die Frau spielt Mann, der Mann möchte Frau sein. Das Kostüm und der Betrug retten aus der falschen Welt.»

Was ist dieses neu entdeckte und doch schon klassische Spiel? Seit den alten Griechen, die auch um das Doppelgeschlechtliche – wie um viele andere Phänomene – Sagen rankten, versuchten und versuchen Dichter und Wissenschaftler immer wieder, die bisexuelle Leidenschaft zu ergründen. Das häufig recht schillernde Unterfangen wird kurz nachgezeichnet und eine theoretische Annäherung an die gelebte Bisexualität vorgeschlagen.

Doch die bisexuelle Wirklichkeit enthüllen nur die Lebensentwürfe selbst: sie stehen im Mittelpunkt des Buches, versuchen den Blick für das bunte Kaleidoskop der doppelten Sehnsucht zu schärfen und enden mit einem Lebens-Szenario, in dem die bisexuelle Sehnsucht nur noch sich selbst begehrt.

# Bi-Kaleidoskop

Als Ritual zelebrieren die Amarakaeri in Peru ein-
bis zweimal im Jahr die Liebe zwischen Mann und
Frau. Homosexuelle Liebe dagegen ist alltäglich.
Ist dieses Volk bisexuell? Oder verhält es sich
schlicht zu exotisch für westliche Definitionen?

Bisexuelle «Exotik» steckt auch in den Euro-
päern. Ein erster Blick in das Kaleidoskop der
Liebe zeigt: das Bisexuelle drückt sich bunt und in
vielen Mustern aus.

# Sexualität,
## Sehnsucht und Scham

Der Reigen der drei Grazien eröffnet die kaleidoskopische Revue durch die bisexuelle Formenvielfalt.

Durch die Sonnenbrille besehen, ruhen drei Grazien nach dem Spiel ihre erhitzten Körper leicht aneinandergelehnt aus. Sie könnten «Sexualität», «Sehnsucht» und «Scham» genannt werden. Nur mit dem linken Auge betrachtet, das rechte geschlossen, tritt die «Sexualität» in den Vordergrund, mit dem rechten Auge ist es die «Scham», und vor dem umfassenden Blick beider Augen kehren die drei Frauen auf das Tennisfeld einer gepflegten Mittelstandswelt zurück. Die erste, selbstbewußt-sportlich, faßt die zweite besitzergreifend um die Taille, die hält ihre weiche Gestalt der dritten anbietend zugewandt und eine Hand sanft auf deren Schulter. Die Dritte steht grade, nur den Kopf scheinbar schamhaft nach vorne geneigt, mit steifen Armen, die wie Senklote den schmalen, hochgewachsenen Körper justieren. Sie wirkt am jüngsten oder am wenigsten erfahren.

Allmählich bewegt ein eingespieltes Ritual die drei Körper über das Feld. Sie kreisen umeinander, kichern, schlenkern die Rackets und die sehnsuchtsvoll Erotische ihr Röckchen, das leichtere Tage kannte, als es noch nicht um die kleine Speckrolle über den Hüften spannen mußte. Die drahtige «Sexualität» schwirrt wie ein Kreisel um die Sehnsüchtige, zupft sie kurz hier und streichelt sie andeutungsweise dort. Spielerisch neckt die Sehnsüchtige die dritte, weil sie gemeinsam das Match verpatzten.

Zweimal in der Woche trifft sich das Trio zum Tennis und vor allem zum gemeinsamen Danach mit vielen farbigen Drinks, freimütig kollegialen Puffern und Antippern und heimlichen Berührungen, die der schamhaften Jüngsten die Röte ins Gesicht treiben, während ihr die Rundliche, hingerissen lächelnd, beschützend über den Oberarm streicht. Auch gemeinsame Tagträume binden die Grazien zu einem vertrauten Reigen. Nach ihren antiken Vorbildern träumen sie von Glanz, Euphorien und Glück, sie lieben – wie Mittelstandsfrauen das eben so tun – die Künste und suchen nach Liebe, die den Ausbruch aus der Vorstadtidylle verspricht. Eine Ahnung davon liegt in ihrem Corps de ballet, in dem die eher bodenhaftige «Sehnsucht» zur Primaballerina aufstieg, die «Scham» noch als Elevin tanzt und die «Sexualität» bereit ist, die Nymphen und Sylphiden zu lehren und die Choreographie zu führen.

Sie hat die erotisch Sehnsüchtige verführt und mit ihr den Reigen zu Ende getanzt: was ihr gefällt, will sie besitzen; sie will erleben, was sie sexuell erregt. Am Anfang dieses entschlossenen Hedonismus stand vorwiegend Rache. Denn es begann, als sie entdeckte, daß ihr Mann eine Geliebte hatte. Bis dahin fand sie ihre Ehe eigentlich okay. Es war alles da, ein Wunschkind, ein Halbtagsjob als Maklerin, ein Garten, eine empfindliche Schwiegermutter und ein beachtliches finanzielles Polster, kurz eine Ausstattung, über die die Frauen ihrer Familie seit mindestens drei Generationen verfügen, was sie alle mit einem ansehnlichen Selbstbewußtsein ausstaffiert. Ihr Mann war ein Ausreißer, so jedenfalls wollte sie ihn sehen, der die pastellfarbene Respektabilität brach.

Doch siehe da: Es kam ihr zupaß. Auch ihr lastete die bürgerliche Moral auf der Seele, war sie doch seit einiger Zeit von einer ungeniert bisexuell lebenden Frau fasziniert, die sich über steifleinerne Ehrbarkeiten amüsierte. Solange in der ehelichen Puppenstube die Betten sauber blieben, hätte sie den Mut zu einer Freundschaft mit dieser Frau nicht gefunden. Nun aber hatte sie ein Alibi. Zwar schwor ihr Mann seiner Freundin ab, doch sie behielt die ihre und tauschte mit ihr überall kaum noch intime Intimitäten aus. Ihr Mann stellte sich blind – bis fast in die Augenwinkel. Vielleicht genoß er das erotische Spiel seiner Frau wie einen melancholischen Abgesang auf seine einst spannungsgeladene Ehe, in der sich nur noch selten etwas entlud. Ein masochistisches Aufflackern einer letzten, voyeuristischen Lust. Auch diese Phase ist vorbei. In der Ehe ist es ruhig geworden. Mit ihrer jetzigen sehnsuchtsvollen Freundin spielt die Choreographin der drei Grazien nur im Verborgenen.

Die rundlich sehnsuchtsvolle Primaballerina kann nicht genau einschätzen, wie ihr recht traditioneller Mann auf ihren doppelten Liebesgenuß reagieren würde. Außerdem haßt sie verwickelte Diskussionen; sie blockieren ihre Lust. Und das ist die Ehrlichkeit nicht wert, zu gut gefällt ihr das Wechselspiel zwischen ihrem Mann und ihrer Freundin. Anfänglich zögerte sie, zu unbekannt war ihr die Liebe mit einer Frau. Doch nun begeistert sie die weibliche Variante, ist doch die Fieberkurve der Liebe weniger hektisch: die Steigung läuft gemächlich an, die Höhe dehnt sich weit, und der Ausklang ebbt harmonisch ab. Mit ihrem Mann ist es anders. Erst umgurrt er ihre profilierte Weiblichkeit, dann landen sie wie Sittenstrolche gierig in den Laken und enden als eine jener modernen Plastiken, vor denen sich Banausen fragen, wie lange der Akt wohl in dieser anatomiewidrigen Stellung posieren kann. Spaß macht ihr beides.

Seltsamerweise plagen sie nie die leisesten Skrupel ob ihrer Bisexualität, zu selbstverständlich fühlt sie sich in ihrer Rolle als Frau. Niemand wie sie kann so leger den Pullover knapp unter die Wäschegrenze abrutschen lassen, niemand blinzelt so unschuldig jungen Männern im Club nach, keine andere kann jede Gefühlsandeutung so anmutig gestisch untermalen oder dirigieren, daß sich verwischt, was denn eigentlich bedeutungsvoller ist: die Musik oder der Takt.

Neu ist ihr Gefühl für die dritte: Seitdem sie die knabenhafte zarte Figur und das tastend ätherische Wesen unter der Dusche entdeckte, sehnt sie sich nach einer Umarmung, ein Wunsch, in den sich auch Mütterliches mischt. Sie hat das begehrte Wesen schon hegend im Arm gehalten, wenn es, was zum Glück häufiger geschieht, ein spitzes Steinchen aus dem Tennisschuh entfernen muß. Zu größeren Annäherungen hat sie sich nicht vorgetastet, und sie weiß auch nicht, ob sie es tatsächlich will. Denn sie genießt es, zu verehren und zu begehren. Vor allem aber begeistert sie, daß die Angebetete schamhaft errötet – eine verschlüsselte Liebesbezeugung, interpretiert die «Sehnsucht». Mit ihrer intimen Freundin spricht sie nicht über diese Gefühle. Sie will die Sphäre nicht zerstören, in der sie die Angebetete mit einem geheimnisvollen Schleier umhüllt. Denn sie liebt das Mystisch-Erhabene, Labsal für die von der alltäglichen Bedeutungslosigkeit gebeutelte Seele. Sie interessiert sich heftig für fernöstliche Mythen, die Erotik symbolhaft in das Göttliche und das Ewige einbinden.

Wenn die Sehnsuchtsvolle schwärmt, dann in symbolhaften Bildern. In dieser bedeutungsreichen Sprache verkörpert die Dritte im Reigen die Unschuld, das Noch-Kind-Sein zwischen Mann und Frau. Wen kümmert es, ob die Bilder stimmen, jedenfalls nicht die Primaballerina – für sie zählt, daß die Bilder sinnlich sind. So färbt sie die karge Realität nach Art der Ostereier – ein Talent, das die schamhafte Elevin gleichermaßen bewundert und verachtet.

Natürlich paßt die dritte Grazie nicht in die österlich mystifizierende Buntmalerei. Sie durchschaut das Verehrungsmuster, fühlt sich geschmeichelt und ist gleichzeitig sauer; sie läßt sich überfluten von der Liebe und wehrt sie doch ab. Verloren zwischen den disparaten Gefühlen, errötet sie: wütend und enttäuscht, daß andere und nicht sie selbst definieren, wer sie ist oder sein soll, schamvoll, weil auch sie lieben möchte, aber nicht kann. Schamvoll auch, weil sie fürchtet, sich selbst «untreu» zu werden, wenn sie begehrt, und weil sie doch begehrt, gerade dieses weibliche Wesen, dessen Besitz ihr ein Stück der so bitter vermißten eigenen Identität gewänne – ein schamvoller Verschmelzungswunsch, Verrat gegen sich selbst. Ihre Schamhaftigkeit umgibt sie wie ein Alarmsystem, das sie bei Gefährdung des Ich – und das ist hochgradig bedroht – rot erglühen läßt.

Diese ärgerliche Entladung ihrer emotionalen Staus und ihr ätherisches Wesen täuschen eine Naivität vor, die sie – solange sie zurückdenken kann – nie besessen hat. Kindlich ist nur, daß sie kein festes Verhältnis zu sich selbst hat, sich als Frau unsicher fühlt und deshalb Lob, Liebe, Schmeicheleien braucht wie Blumen das Wasser. Allein die Angst vor Kritik kann sie zu Höchstleistungen treiben. Immer abhängig von anderen, wird sie häufig emotional ausgenutzt. Ihr Mann lädt alles bei ihr ab, ohne ihr auch nur ein Ende von sich selbst zu schenken. Er kontrolliert sie eifersüchtig, ohne sich selbst binden zu lassen. Sie kennt ihre Abhängigkeit und kann sie doch nicht ändern; zu brüchig ist ihre Autonomie, um den Test mit der Freiheit zu wagen. Wie sollte sie da nicht schamhaft erröten? Weibliches Glühen anstelle einer sicheren Geschlechts-Identität. Nur in der Wut verliert sie ihre Scham und ihr Erröten, nur im Widerspruch erlebt sie sich autonom. Der aber läuft meist ins Leere, weil er ihr angepaßtes Wesen nicht wirklich durchbricht.

Im Trotz, im Widerspruch zu anderen, im Neid und in der steckengebliebenen Wut liegen ihre heimatlichen Gefühle. In der Auflehnung spürt sie sich selbst und endlich auch starke und einfache Gefühle, ihre eigenen, selbst erlebten. So beneidet sie das schlichte, aber so selbstverständliche Wesen ihrer Verehrerin: sich selbst liebend und empfänglich für die Liebe anderer, ohne Furcht, sich im geliebten Wesen aufzulösen, genußfähig und liebesfähig, ohne Angst, daß die eigene Liebe plötzlich in Haß und Verletzung umkippen könnte. Dieses Geschenk, das akzeptierende, fördernde und auch fordernde Eltern ihren Kindern fürs Leben mitgeben, hat sie in ihrer Kindheit nicht erhalten. Meist durfte sie mehr als andere Kinder. Niemand legte sie auf bestimmte Verhaltensmuster fest, niemand sprach sie als

Mädchen an, nur als Kind, als Neutrum. Diese Nonchalance erfuhr sie als Niederlage: Ich bin meinen Eltern egal, und sie mögen keine Mädchen. Lauter kleine Pleiten begleiten seitdem ihr Liebesleben, für Höhenflüge und Katastrophen fehlt ihr schlicht der Einsatz.

Hingebungsvoll ist sie vor allem in ihren Phantasien, und dort spielen Frauen eine bedeutende Rolle als visuelles Ziel ihrer Erotik, Traumbilder zum Eintauchen... Doch realisieren möchte sie die Gespinste nicht. Allein schon, weil ihre ohnehin unsichere Seele mit den Ansprüchen ihres liberalen Geistes nicht Schritt hält. Lieber erlebt sie die eigenen Wünsche, zu verschmelzen und sich aufzulösen als Gier der anderen, sie zu verschlingen. So bleibt ihre Erotik im Zwiespalt stecken, in Phantasien transformiert oder depressiv als Aggression nach innen gekehrt. Allein in der Ehe mit einem mäßig begehrten Mann zeigt die Liebe keine Zähne. Sex mit ihrem Mann genügt ihr, das Erregende spielt sich ohnehin nur in ihren Träumen ab, zu denen sie keinem Zugang gewährt.

Die unzertrennlichen Grazien vereinzeln durch ihre jeweilige Geschichte. Die Choreographin hat vielleicht den weitesten Weg zurückgelegt. Sie hat sich aus dem wohlgeordneten Garten ihrer Familie verabschiedet, in dem sie als eine vom Ehemann gepflegte Orchidee blühen sollte. Sie will aktiv ihr Leben und ihre Liebe bestimmen; sie flirtet, mit wem und wann es ihr paßt. Selbst mit dem besten Freund ihres Mannes hatte sie eine Beinahe-Affaire, wäre ihr Alkoholspiegel an jenem Samstagnachmittag etwas langsamer gesunken. Der Freund wollte ihren Mann besuchen, doch der war unterwegs, also tranken sie den Wein nur zu zweit. Irgendwann lief Musik, und sie tanzten so hingebungsvoll, daß er dabei war, seine Freundschaft mit ihrem Mann zu verspielen. Mit ihrer ersten Geliebten hat sie bewußt den Bruch mit den bürgerlichen Normen vollzogen. Seitdem bezeichnet sie sich selbst als bisexuell, besucht keine Kaffeekränzchen und keine Oper mehr, die sie gleichermaßen scheußlich und anachronistisch findet. Aus ihrem alten Freundinnenkreis ist kaum eine übriggeblieben.

Ihre neue sexuelle Orientierung erlebt sie wie die Offenbarung ihres ureigenen Wesens, das Wort bisexuelle Identität bedeutet für sie genau das, was es aussagt: stimmig mit sich selbst zu sein. Sie empfindet wie viele, die nicht im heterosexuellen Mainstream liegen, Bisexualität als ein bestimmendes Element ihrer Persönlichkeit. Es ist wie ein Echtheitsstempel, wie das Gefühl einer Linkshänderin, die endlich auch mit der linken Hand schreiben darf, nachdem sie jahrelang auf Rechtshändigkeit gedrillt worden ist. Was so unverwechselbar «natürlich» scheint, ist sehr komplex. Der Triebpol der Persönlichkeit liegt in einem unterirdischen Fluß, doch wo und wie er als Quelle sprudelt, bestimmt nicht die Natur allein, sondern auch Erziehung, Zeit, Kultur, Psyche… Wie auch immer man das Bündel der Einflüsse nennt, es formt als Einheit die Geschlechtsidentität, die die Libido strukturiert und das Triebschicksal bestimmt.

Auch wenn sie ihre Neigung nicht leugnet: Eine Jeanne d'Arc für die Bisexualität will die Choreographin nicht sein. Die Rolle der politischen Kämpferin liegt keiner der drei Grazien.

Vor allem der Primaballerina fehlt jeder politische Drive. Nie würde sie «bekennen», sich als Bisexuelle «outen», sich solidarisieren mit Bi-Frauen, in einer «Szene» auftreten – wozu auch? Sie lebt schlicht ihre flexible weibliche Erotik aus, die nicht polarisiert, nicht zielgerichtet vorgeht, großzügig und fließend genießt. In ihr läuft alles in einem Fortissimo der Gefühle zusammen, in dem sie so gerne schwelgt, egal, wer sie zu diesem Erlebnis verführte. Sie herzt ihren Sohn ebenso wie ihre Tochter, beide bringen sie gleichermaßen zum Klingen. Mütterliche und erotische Gefühle liegen dicht beieinander und fügen sich stimmig in ihr Leben, dem sie immer eine lustvolle Seite abzugewinnen versteht.

Jede der drei Grazien hat ihre eigene Identität als Frau, die darüber entscheidet, wie sie ihre Sexualität leben und erleben.

Während in der Sehnsüchtigen Erotik und Weiblichkeit zusammenfallen, choreographiert die Sportlich-Aktive ihre Sexualität nach ihrem Selbstverständnis. Gebrochen, ohne stabiles weibliches Selbstvertrauen kann die dritte ihre Erotik kaum leben, zu bedrohlich ist die Nähe anderer, wenn das Ich keine festen Grenzen hat – besonders die Nähe der begehrten Person. Jede hat eine eigene Geschichte, mit der sie ihre Erotik definiert, und bisexuell nennt sich nur die Choreographin. Das Etikett sagt mehr über das eigene Selbstverständnis aus als über sexuelle Wünsche oder tatsächliches Verhalten. Und auch nicht alle, die das gleiche Segel hissen, sitzen wirklich im selben Boot. So wie die Heterosexualität keine einheitliche Spielart hat, kann auch Bisexualität nicht auf eine einzige Form festgelegt werden.

Die drei Tennisspielerinnen sitzen etwas steif auf der Terrasse ihres Clubs. Ihre Stimmung ist umgekippt wie das Barometer vor einer Schlechtwetterperiode. Die Choreographin kämpft mit einem Tief; die sehnsuchtsvollen Blicke ihrer Freundin für die Jüngere verfolgen sie. Wird sie die Kontrolle über die anderen und sich selbst behalten? Sie fürchtet nichts so sehr wie einen Rückfall in die passive, leidende Rolle.

Unvermittelt fordert sie ihre Partnerinnen auf, Revanche für das von den beiden anderen gegen sie verlorene Match zu nehmen. Das Signal wirkt: schon werden die drei wieder zu Grazien – und durch die Sonnenbrille betrachtet, scheint es, als ob die Elevin ihre schlanken Glieder etwas lebhafter schwenkt als vordem und ihre linke Hand sogar leicht die Schulter der Primaballerina streift.

# Phantastisch

Sexualität lebt mit und durch Bilder. Sie schaffen das Ambiente, in dem sich Lust entfalten kann. «Die Kunst des Liebens würde zu einer mechanischen Übung werden, wenn die Phantasie nicht jedes erotische Erlebnis neu gestalten würde. Die Neugier, die das Unbekannte entdecken und das Unvertraute erobern möchte, beflügelt die Phantasie und fungiert in den intimen Beziehungen beider Geschlechter als ihr Helfer.»[1] Wen wundert's, daß ohne dieses Element kaum eine sexuelle Aktion abläuft.

Phantasien konstruieren eine zweite Wirklichkeit, die sich holt, was die Zensur verboten hat. In dieser Welt kann das Trieberleben blühen, können Wünsche wachsen, die sich sonst verkleiden müssen. Denn Phantasien wollen nicht Realität herstellen, sondern spielerisch den Alltag überlisten. Mit diesem Abstand zur Wirklichkeit gelingt es Phantasien leichter, eigene Wege einzuschlagen, auf denen sie Vorbewußtes streifen. Die phantastische Gratwanderung zwischen Fiktion und Wirklichkeit läßt deshalb, vielleicht klarer als in nächtlichen Träumen, Blicke in die Tiefe der individuellen Wünsche zu.

«Wie ist es, eine Frau in einem fernen Land zu sein, wenn die Mittagssonne auf karges Gras und kurze Dornenbüsche brennt, der Wüstenwind den leichten Rock anhebt und die halb aufgeknöpfte Bluse bläht? Wenn dann, vor der hitzeflimmernden Silhouette einer alten Stadt, ein wie aus dem Nichts geborener Frauenkörper schmeichelnd erotisierende Schatten über den eigenen Körper wirft und eine männliche Gestalt im Adagio der bewegungslähmenden Hitze nackt vor den eigenen Füßen niedersinkt? Und wenn der Mann langsam, zärtlich, wie von der feenhaften Hand der Schattenfrau geleitet, Lustschauer aus dem eigenen Körper lockt?» Oder Szenenwechsel: «Wie ist es, nachts am Meer zu liegen, träumend, unbekleidet und allein, wenn, einer antiken Saga gleich, aus dem Wasser nach und nach in glänzende Seide gehüllte majestätische Leiber steigen, zu zweit, zu dritt, immer mehr, und alle sind gekommen, um die Schlafende mit einem zärtlichen Zeremoniell, das den ganzen Körper in Ekstase setzt, zu wecken? Plötzlich erwache ich, nehme hellwach mit allen Sinnen wahr, wie ich rituell von allen gestreichelt werde, langsam von den Füßen zu den Schenkeln über den Bauch bis zum Hals. Allmählich enthüllen sich die Gestalten gegenseitig, die Frauen falten die riesigen Stoffe zusammen und bieten sie mir als Bett. Dann zeigen die Frauen den Männern am eigenen Körper, wie sie meine Lust regen und befriedigen sollen.»

Miriam liebt es, Phantasien zu inszenieren, die ihre Vorstellungsreserven locken, Geschichten weit ab vom Alltag, in denen sie passive Rollen spielt. Manche sind ihr auf den Leib geschrieben und haben eine innere Logik, nach der sie sich selbst forterzählen. Einige davon tragen Miriam in reuefreie Lustgefilde, andere entwickeln sich so vielschichtig und detailreich, daß ihre Struktur den Geist, nicht aber die Libido mit sich zieht. Wieder andere sind für Geist und Seele schlicht ein Flop. Zum Beispiel, wenn die Träume allzu nahe an Bekanntes rücken, in das eigene Leben zu offensichtlich eingewoben sind. Die Agierenden müssen exotisch, ihr Gesicht verschwommen bleiben. Selbst die eigene Person ist anonymisiert: Indem sich Miriam selbst auffordert, zu fühlen, wie eine andere fühlt, schlüpft sie in eine fremde Rolle.

Offenbar sichert nur ein doppelt gegen die Realität gebauter Wall, daß Miriams Wunschträume auch gelingen. Phantasien rund um das eigene Leben, die der Wirklichkeit sehr nahe kommen, können sich nur Frauen in harmonischen Partnerschaften[2] leisten. Miriam nicht. Ihre Wünsche erwachen erst hinter einer Abschottung und erst, wenn ihr Mann längst eingeschlafen ist. Dann flieht sie aus ihrem kümmerlichen Alltag in eine sinnlich reiche Traumwelt. Sie weiß, daß Fluchtwünsche ihre Phantasie beflügeln. Ausbruchphantasien träumt sie seit ihrer Kindheit – weg von ihrem immer wiederkehrenden Beziehungsschema, in dem sich Subjekt und Objekt ineinanderschieben. Nicht nur die Verfremdung ihrer Wunschträume, auch die Meer- und Wüsten-Szenerien unterstreichen ihre Sehnsucht, fern und losgelöst in einer Weite zu weilen, die ihre Seele dehnt und ihr Erleben potenziert.

Die zweite Ebene der Phantasie, die eigentliche Handlung, nimmt das Motiv der Anonymität wieder auf: Nur unscharf erscheinen die Begehrten – besonders schemenhaft die Frauen. Zudem werden sie und nicht Miriam als Begehrende arrangiert. Nur verhüllt in die Schattengestalt anderer Frauen können sich Miriams homosexuelle Wünsche zeigen.

Ihre weitschweifigen Phantasien sind perfekte Korrekturen der Realität. Sie verlangen nichts, erwarten nichts, verwickeln sie in nichts anderes als in Lust. Und sie verbürgen ihre «Normalität», nur das Lustangebot erweitert sich bisexuell.

Nicht immer mag Miriam episch träumen. Wenn sie nur körperliche Befriedigung sucht, spielt sie einen effektiveren Kopf-Film ab, zielgenau, schnell und ohne Drumherum. Beispiel: «Einige andere Frauen und ich werden von jungen Männern massiert, und wir beobachten unsere Reaktionen gegenseitig.» Diese Kurzversion ist ihr sichtlich peinlich, da sie nichts anderes will, als eine schnelle Masturbation begleiten.

Tatsächlich ist es Miriam nie gelungen, sich in Beziehungen selbst zu behaupten, nie, sich von Umklammerung zu lösen, nicht als Kind, nicht in der Adoleszenz und nicht in der Ehe. Sie wollte flüchten und ist stets geblieben. Sie suchte Lust und fand nur Bindungen. Wie ein Naturereignis wiederholt sich dieses Schema, das sie apathisch über sich ergehen läßt. Leidenschaft entfaltet sich allein in ihrer Fiktion, je realer die Chimäre in der Psyche lebt, desto unwirklicher und kraftloser wird die äußere Realität. Allmählich schätzt sie, was sie früher haßte: Alleinsein. Nur wenn sie allein ist, kann sie wie als Kind – so lange und so weit, wie sie getragen wird – in ihre Phantasien tauchen.

Miriams Erinnerungen an die Kindheit tröpfeln spärlich. Schemenhaft entsinnt sie sich, daß ihre Mutter sie auffallend stark umsorgte, und sie weiß, daß sie sehr lange gestillt worden ist. Ihren Vater hat sie ziemlich ausgeblendet, «der spielte zu Hause nur den Zerberus, der keine Freunde akzeptierte». Die meisten Erinnerungen scheinen von einem schwarzen Loch verschluckt, verdichtet und für immer festgebunden. Sie wurden, zusammen mit ihren bisexuellen Wünschen, von der Schwerkraft des Urverdrängten angezogen. Dieser unbewußte Seelenkern gleicht einer ehernen «Niederschrift»[3], die den Trieb an bestimmte Vorstellungen bindet, vergleichbar den zehn Geboten, die das Moralempfinden prägen. Durch die inneren und äußeren Umwälzungen der Pubertät, dieser «zweiten Phase der Kindheit», können Erfahrungen und Erlebnismuster teilweise neu strukturiert, redigiert und endgültig festgeschrieben werden.

Sex-Phantasien folgen – das verbindet sie mit nächtlichen Träumen – der inneren Triebstruktur: Sie sind deshalb mehr als bewußte Inszenierungen. Trotzdem behalten sie eine Hand am Puls der Wirklichkeit, der eigenen Imagination bewußt. Dieses Zwischenreich überlistet die innere Zensur womöglich besser als der Schlaftraum und legt verdrängte Wünsche frei, die sich im Traum verkleiden. Denn auch Träume müssen die innere Kontrolle passieren.

Das Drehbuch zu Miriams Phantasien schreibt die lustvolle mütterliche Umsorgung: «Hier … berührt die Phantasie den Boden der Wirklichkeit. Es war wirklich die Mutter, die bei den Verrichtungen der Körperpflege Lustempfindungen am Genitale hervorrufen, vielleicht sogar zuerst erwecken mußte.»[4] In manchen «primitiven» Lebensgemeinschaften stimulieren die Mütter bewußt die Genitalien ihrer Kleinkinder, um sie zu beruhigen und einzuschläfern.

Die Lust an diesen Berührungen kann so überwältigend sein, daß die Erregung als «Reizschutz» verdrängt werden muß. Oder die Erinnerung wird später, nachdem sich die innere «Moral-Instanz» gebildet hat, zensiert und ins Unbewußte abgeschoben. Doch regelmäßig drängt die Kraft der Sehnsucht die Erinnerung in unterschiedlichen Kostümen und vor vielerlei Kulissen wieder an die Oberfläche. In Miriams Phantasien laufen die inzestuösen Wünsche subtil, passiv und doch erregend mit. Hinter der Maske der Anonymität und des Beiläufigen meldet sich die Sehnsucht nach der hegenden und lustspendenden Ur-Frau, eine majestätische Schattenspenderin ebenso wie eine klassische Altertumsgestalt – Miriams Phantasien erinnern erstaunlich deutlich an antike Dramen. Offensichtlich kann sie unter dem weiblichen «Schutz» auch die männliche Sexualität genießen, was ihr in der Realität nur schwer gelingt. In der Phantasie löst sie die strafende Mutter, die ihren Wunsch nach dem ersehnten Vater rächen wird, in der lustspendenden «guten» Urmutter auf.

Kaum eine Frau, die sich als heterosexuell einstuft, verzichtet in ihren Phantasien auf das erotische Weibliche. Ohne Eifersuchtsdramen gestatten sie sich gegenseitig Mitwirkung beim Traumspiel um die Lust. Verbissene Hetero-Männer dagegen, eine unter älteren Männern häufig vertretene Spezies, bewundern ihren Penis lieber nur an sich selbst. Auch die Phantasiewelt kann sie nicht aus dem Wahn der breitschultrigen Männlichkeit befreien. Lieber holen sie sich den gleichgeschlechtlichen Schulterschluß in der Kneipe um die Ecke. Der Psychoanalytiker Karl Abraham behauptete, daß jedes Wirtshaus ein Hauch von Homosexualität durchweht. In diesem Dunst lassen sich die homoerotischen Wünsche durch Zoten ausleben, in denen Größe und Glorie des über die Frau herrschenden eigenen Geschlechts bewundert werden können. Nach diesem Kumpel-Muster, das die Homoerotik mit starken Sprüchen aus dem Felde schlägt, laufen jene männlichen Phantasien ab, in denen das ausgeklügelte Abwehrsystem der Angst-Heteros doch noch Männer als Bettkumpanen zuläßt. Es sind Phantasien, in denen die eigene Partnerin auch von einem anderen Mann «genommen» wird, oder in denen orgiastische Wechselspiele den Hinterkopf durchlaufen. Absolut offen dagegen träumen Männer von lesbischen Fummeleien. Obwohl auch viele Frauen phantasierend andere Frauen in ihr Liebesspiel mit einbeziehen, hat die männliche Version ihre Unschuld verloren, da Männer nur die weibliche, nicht aber die männliche Homophantasie zulassen.

Männliche Phantasien streben im allgemeinen unumwundener nach Lust als weibliche Träumereien und greifen unverhohlener nach eindeutigen Sexsymbolen. Der Bedarf an schnell zu belebender Lust ist schließlich auch gewaltig: Neunzig Prozent aller Männer onanieren und bedienen sich dabei eigener Phantasien. Ihr Selbst-Erotisieren folgt oft unverblümt den Spuren des Machismo, der Frauen zu gefügigen Lustpuppen reduziert. Während sich der Durchschnitts-Hetero mit schwulen Träumereien schwertut, öffnen Schwule ihre Phantasieschleusen auch für weibliche Gestalten. Berichtet ein Mann von bisexuellen Phantasien, hat er sich meist auch schon «geoutet».

Die männlichen Sexphantasien, ob von Bisexuellen oder Heteros geträumt, komprimieren die Lustobjekte häufig auf Sexmerkmale. Das Verfahren fordert einen minimalen Geist- und Gemütsaufwand und liefert – vielleicht auch deshalb – den kompaktesten Genuß. Das jedenfalls meint der bisexuelle Daniel. Seine liebste Phantasie ist in der Tat hochverdichtet: Ein überdimensionierter Busen reckt sich dem eigenen Spiegelbild entgegen und strafft gefährlich die durchsichtig-nasse Bluse, die mehr Nacktheit verspricht, als sie jemals enthüllen kann. Darüber schwebt ein leicht geöffneter roter Kirschmund, der sich selber

Küßchen zuwirft. Der Spiegel-Trick erlaubt ein 3-D-Bild, das auch den Blick auf die Rückenansicht freigibt. Ihre Rundungen laden direkt ein. Dazu erträumt sich Daniel nun noch ein männliches Wesen, vor allem ein Phallus-Objekt. Die Lust des neuen Mitspielers schwankt vorerst, dann entscheidet er sich für Daniel, während dieser sich mit dem angebotenen weiblichen Hinterteil abgibt.

Natürlich kennt Daniel auch ausführlichere Phantasien, die den Blick nicht nur auf entpersonifizierte menschliche Einzelteile, sondern auf das Ganze freigeben. Aber ganz so stimulierend wirken diese etwas anstrengenderen Vorstellungen nicht. Manchmal blendet Daniel Dialoge ein, um sich selbst mit einem unerwarteten Effekt zu überraschen. Zum Beispiel wenn ihm ein verheirateter Mann, mit dem er seit Jahren Squash spielt, beim Smalltalk zwischen Dusche und Drink plötzlich gesteht, daß er ihn sexy findet. «Das turnt mich an, genauso wie wenn ich mir einen muskulösen, gut gebauten Schwulen vorstelle, der alle Register zieht, um mich zu bekommen, selbst wenn er mir dazu noch eine scharfe Frau servieren muß.»

In seinem realen Dasein als Broker schläft der 29jährige Daniel häufiger mit Frauen als mit Männern. «Bisexualität entspricht meinem anspruchsvollen, hektischen Beruf. Ich fühle mich erst richtig ausgefüllt, wenn ich beides habe», meint er stolz. «Und die Phantasien sind das Reservoir, in das ich greifen kann, wenn mich der Streß tatsächlich einmal schafft.» Allemal lieber ist ihm ein wirklicher Date. Daniels Selbstdarstellung und Phantasien sind egozentriert, die immer seine Größe, seine Potenz, seine Variationsbreite betonen.

Jede Phantasie arbeitet mit Erinnerungen, aber nicht immer steht an ihrem Ursprung individuelles Erleben. Kollektive Menschheitserinnerungen können als Allegorien und Metaphern in ein seelisches Fundament graviert sein, aus dem die Phantasien schöpfen. So liegt die Vorstellung nahe, daß kollektive «Urphantasien»[5] alle menschlichen Seelen in ähnlicher Art bevölkern. Freud nennt sie ein «Schema», ein tatsächliches Erlebnis, das auf den Ursprung der Menschheit zurückgeht und nur noch als «psychische Realität» auftaucht. In der Symbolik blitzt dieses kulturelle Gefühlserbe wieder auf. Der Spiegel beispielsweise symbolisiert in China die Mutter, die auch in der westlichen Psychologie die «Spiegelnde» verkörpert. Für C. G. Jung sind dies mythische Metaphern, die allgemeinmenschliches Erleben sinnvoll erklären und strukturieren. Wie auch immer das kulturelle Gefühlserbe entstanden ist: Allmählich verlieren seine Bilder und unbewußten Phantasien ihre untergründige Wirkung und werden als individuelle Erfahrungen bewußt.

Allgemeinmenschliche Motive sieht auch die Phantasie-Expertin Nancy Friday am Werk. In allen sexuellen Phantasien, behauptet sie, schimmert stets eines von «sechzehn menschlichen Grundthemen» durch. Bisexualität bildet eine dieser Konstanten: «Es ist das natürlichste der Welt, daß sich Frauen aus demselben Grund wie Männer für Zärtlichkeit an andere Frauen wenden... Und obwohl ich weder einen Mann noch eine Frau der Lüge zeihen würde, wenn er oder sie mir sagt, er oder sie hätte in seinem oder ihrem Leben noch nie einen homosexuellen Gedanken gehegt. Ich würde mich doch fragen, wie sie es geschafft haben, in diesen letzten Jahren mit Scheuklappen vor den Augen und Wattepfropfen in den Ohren herumzulaufen.»[6]

In weiblichen bisexuellen Phantasien taucht oft die beste Freundin auf. Sie ist der Beweis, daß nur emotionale Zuneigung Lust erzeugt – ein Relikt aus prüden Zeiten, als Frauen nur für «unschuldige» Gefühle, nicht aber für die Lust zuständig waren. Überdies lebt, abgespalten in der phantasierten Freundin, narzißtisches Gefallen am besseren Ich: an der geliebten anderen darf sich das gute Eigene ohne Scham und ohne Skrupel lieben.

Frauen überlassen in ihren bisexuellen Phantasien meist den

anderen das Aktionsfeld: «...die Phantasievorstellung beginnt, wenn mein Freund anfängt, mich zu küssen. Dann stelle ich mir vor, daß sie (die beste Freundin) es ist. Sie küßt mich tief und leidenschaftlich: Sie sagt mir, wie sehr sie mich liebt und daß sie sich wünscht, daß ich sie ebensosehr liebe. Ich antworte, daß ich das tue.»[7] Die Phantasierende antwortet nur auf die Wünsche der Freundin. Dieselbe Frau, die betont, daß sie ihren Freund liebt, wählt fürs Masturbieren immer einen Mann als stummen Partner – allein traut sie sich nicht in ein lesbisches Vergnügen.

Die sexuellen Phantasien der Frauen sind stärker stimmungsabhängig als die der Männer, sie brauchen eher Harmonie, um ihren sexuellen Wünschen freien Gedankenlauf zu lassen. So beziehen viele in ihre lesbischen Phantasien immer den eigenen Mann oder Freund mit ein, um einen lusttötenden Konflikt zu umgehen. Männer dagegen phantasieren sich hemmungsloser in ein lustvolles Ambiente, um der sexuellen Ödnis zu entfliehen. Gewissensbisse bleiben aus, weil sie, anders als noch viele Frauen, ein Recht auf sexuelle Befriedigung beanspruchen.

Besonders lustvoll läßt sich offenbar zu zweit phantasieren, wenn sich Partner zu Komplizen machen: «Zumeist wenden sich beim Sex mit einem Freund meine Gedanken anderen Frauen zu. Ich stelle mir entweder vor, daß ich von einer Frau geliebt werde oder daß ich zusehe, wie mein Partner von einer anderen Frau geliebt wird, oder eine Kombination von beidem. Ich habe mit ihm darüber gesprochen, und er hat gestanden, daß dies häufig auch bei ihm der Fall ist. Er ermutigt mich in meinen Phantasien, indem er seine eigenen auslebt. Häufig redet er mit mir, als vergewaltige er mich, was wiederum eine andere Art von Phantasie bei mir auslöst. Ich stelle mir vor, daß ich gefesselt bin, hilflos der Gnade dieses äußerst aggressiven Mannes ausgeliefert. Anschließend stelle ich mir vor, daß eine Frau die Szene betritt, meinen Partner wegschickt und mich ebenso aggressiv zu lieben beginnt, aber mit besonderer Zärtlichkeit.»[8]

Das Paar teilt dieselbe Phantasie, eine doppelt geknüpfte Hängematte, in der sich besonders schwungvoll und doch sicher träumen läßt. Beide nehmen sich selbst und andere Männer und Frauen als Gespielen. Die Lustvorstellungen vermengen sich und befreien weitere Phantasien. Nachdem der Mann seine Gewalt-Lust inszeniert, kann auch die Frau ihre masochistische Seite phantasievoll ausagieren – auch mit einer aggressiven Frau, der, um sie als «gewaltige» Partnerin zu akzeptieren, Zärtlichkeit angedichtet werden muß. Die Lust der Frau an phantasierter Unterwerfung wird oft und gern und hämisch falsch gedeutet: mit der selbstgewählten Unterwerfung läßt sich die Illusion herstellen, Regisseurin des eigenen Schicksals zu sein und Ohnmachtsgefühle zu überwinden. Gerade deshalb funktioniert das masochistische Arrangement nur, wenn es nicht real ist.

Nichts kann deutlicher machen, daß Phantasie und Wirklichkeit in zwei unterschiedlichen Welten leben, als die Geschichte des jungen Mädchens, das als Groupie einer Rockband auf Tournee folgte: «Ihre bevorzugte Phantasie beim Sex bestand in der Imagination einer Liebesszene mit dem Leadsänger der Gruppe. Als es ihr schließlich gelang, den Mann tatsächlich für sich zu interessieren, ertappte sie sich beim realen Sex mit dem ‹Traummann›, daß sie wie üblich die Phantasie produzierte, mit ihm zu schlafen!»[9]

Mehr oder weniger neugierig, mehr oder weniger bang fragen sich die vielen Hetero-Frauen und die eher seltenen Hetero-Männer, die Bi-Wunschphantasien träumen, ob sie «tatsächlich» bi sind. Die Frage ist genauso desolat und irreführend wie jene nach dem Grund für die Bisexualität: Jede Bi-Phantasie zeigt die Möglichkeit, bisexuell zu lieben und zu leben. Jede Phantasie kann aber auch als individueller Mythos verwendet werden, der «verkümmerte» Seiten dem Phantasierenden zugänglich und genußvoll erlebbar macht.

Phantasien haben die Tendenz, die träumende Person wieder «ganz» zu machen, an alle erlebbaren Möglichkeiten zu erinnern, die wie vergessene Orte in einem unbekannten Reich siedeln. Aus dieser Unterwelt schöpfen Neugier, Sehnsucht und Phantasie ihre Kraft und ihre Bilder. Auch die bisexuellen Lustvorlagen.

# Künstlerisch

Wie ein Nachklang des Hermaphroditenkults im 19. Jahrhundert und eine Vorahnung der androgynen Zeit entstand in diesem Jahrhundert eine große Zahl literarischer Werke, die sexuelle Grenzüberschreitungen zum Kernthema haben, ein Motiv, das mit der Bi-Erotik der Autoren und Autorinnen verknüpft ist.

Zum Beispiel die amerikanische Schriftstellerin und Journalistin Djuna Barnes. Sie setzte in der Robin-Gestalt aus *Nachtgewächse* der eigenen grenzüberschreitenden Bisexualität ein Denkmal: «Die Frau spielt Mann, der Mann möchte Frau sein. Das Kostüm und der Betrug retten aus der falschen Welt.» [1]

Djuna Barnes war schön und stilisierte sich als Person und ihre Androgynität. Sie liebte Männer und Frauen und fand in ihnen Objekte, die ihre Meisterschaft des Liebens spiegelten. Sie bezeichnete sich als «Maîtresse des Liebens», wurde von beiden Geschlechtern umschwärmt und liebte jahrelang die Bildhauerin Thelma Wood. Trotzdem verweigerte sie sich der Stereotypisierung als Lesbierin, entzog sich jeder Zuordnung und heimatlichen Umarmung sexueller Subkulturen.

Ebenso lebens- und liebeshungrig war die französische Schriftstellerin, Kabarettistin, Chansonnette und Tänzerin Colette Sidonie-Gabrielle, schlicht Colette genannt. Auch sie liebte Männer und Frauen und brachte drei Ehen hinter sich. André Gide nannte sie ein Genie und eine Priesterin der Sinne und des Körpers. Ihr Roman-Zyklus *Claudine* [2] führt durch die feinsten Nuancen sinnlicher Empfindungen.

Oder Thomas Mann: Er lebte seine homoerotische Seite im Erschaffen seiner künstlerischen Objekte. Und wie viele andere, die schreibend ihre zweite Seite in Besitz nehmen, griff auch Thomas Mann auf klassische Vorbilder zurück: «Sein Geist kreiste, seine Bildung geriet ins Wallen, sein Gedächtnis warf uralte, seiner Jugend überlieferte und bis dahin niemals von eigenem Feuer belebte Gedanken auf... Amor fürwahr... So auch bediente der Gott sich, um uns das Geistige sichtbar zu machen, gern der Gestalt und Farbe menschlicher Jugend, die er zum Werkzeug der Erinnerung mit allem Abglanz der Schönheit schmückte und bei deren Anblick wir dann wohl in Schmerz und Hoffnung entbrannten.»[3]

Aschenbach, tragischer Held im *Tod in Venedig*, verfolgt die homoerotische Sehnsucht seines heterosexuell lebenden Schöpfers Thomas Mann, der in seinem Objekt die zweite Seite seiner erotischen Androgynie festschreibt und im apollonischen Jüngling Tadzio die Schönheit erblickt, nach deren Spiegelbild er sich verzehrt: «Wirkte er nicht auch in ihm, wenn er, besonnener Leidenschaft voll, aus der Marmormasse der Sprache die schlanke Form befreite, die er im Geiste geschaut und die er als Standbild und Spiegel geistiger Schönheit den Menschen darstellte? Standbild und Spiegel!»[4] Doch das Standbild zerbricht den Spiegel, sobald ihm die körperliche Sehnsucht seines Betrachters Leben einhaucht. Die homoerotische Seite wagte Thomas Mann nie zu leben.

Marmor ist die Materie der Homoerotik: aus ihm sind die klassischen Körper gemeißelt, Hermaphroditus, Narcissus, Apoll, kostbar, sensibel, elegant. Marmor ist die Substanz der androgynen Schönheit, die, männlich dargestellt, im Grunde weiblich ist – der junge, noch bartlose Mann mit weichen Zügen und langem Haar. Doch seine Materie ist hart und kühl. In ihm fallen das Weibliche und das Männliche zusammen, und er zieht die Liebe zu beiden, zum Mann und zur Frau, auf sich. Bisexualität im doppelten Sinne. Nicht umsonst galt die Sehnsucht des

Päderasten in der Antike als die höchste Form der Erotik, die – großzügig ausgelegt – eine bisexuelle Schattierung hat.

Die Marmor-Metapher findet sich bereits in der Dichtung der décadence des 19. Jahrhunderts und im Symbolismus des Oscar Wilde. Der Dichterliebling der Londoner Gesellschaft, der noch 1895 wegen «schwerer sittlicher Verfehlungen», sprich Homosexualität, zu zwei Jahren Zwangsarbeit verurteilt wurde, wählt Marmor, wenn er *Dorian Gray* beschreibt: «Er war ein wunderbarer Typus… Er hatte Anmut und die weiße Reinheit der Jugend und Schönheit, wie sie nur griechischer Marmor uns überliefert.» [5] Dorian ist Narcissus, Adonis und Apoll. Und ebenfalls wie bei Thomas Mann fallen Himmel und Hölle in der homoerotischen Sehnsucht zusammen: Dem eigenen Bildnis opfert Dorian Gray seine Seele, um ewige Schönheit zu erlangen. In Wildes und Manns Werk hat die Homoerotik keine wirkliche Chance, zu leben: unlösbar zwischen Narcissus und satanischem Spiegelbild erstarrt, endet sie in physischem oder psychischem Tod.

Anders bei Virginia Woolf. Sie verzichtete auf klassische Anleihen und erweckte das Bisexuelle zu Leben. Wie Thomas Mann gab sie sich nie der Homosexualität voll hin, doch nicht aus Rücksicht auf gesellschaftliche Konventionen. Die Liebe der bisexuellen Vita Sackville-West, Vorbild für *Orlando*, erwiderte sie zurückhaltend, so gedämpft, wie es ihre Psychose eben noch zuließ. Indes: Grenzüberschreitungen bleiben Leitthemen ihrer Werke. Selbst das Endgültige der Zeit überspringt sie in *Orlando*.

Die Freiheit des psychisch Androgynen beschäftigte Virginia Woolf vor allem künstlerisch: «Irgendeine Zusammenarbeit muß zwischen Mann und Frau im Geist stattfinden, bevor die Kunst des Schöpferischen vollendet werden kann. Es muß eine Vereinigung der Gegensätze vollzogen werden. Der Geist muß als Ganzes weit offenliegen, wenn wir das Gefühl bekommen sollen, daß der Autor seine Erfahrungen in ganzer Fülle mitteilt. Es muß Freiheit geben und es muß Frieden geben… Als er sagte, daß ein großer Geist androgyn ist, meinte Coleridge... vielleicht, daß der androgyne Geist resonant ist und durchlässig; daß er Gefühle ungehindert transmittiert; daß er seinem Wesen nach schöpferisch ist, weißglühend und ungeteilt.»[6]

Spannungsreich zieht sich das Doppelgeschlechtliche als Sehnsucht nach Vollkommenheit durch Leben und Werk von Virginia Woolf. Ihr unabhängiger Geist rang um eine Sprache, die aus dem Setting sozialer Modelle, Geschlechterrollen und erotischer Schablonen ausbricht. Ihr Suchen nach der vollkommenen Intuition, nach dem Fühlen des anderen, erinnert an den Mythos des Hermaphroditus. Es gelingt, wenn das andere das eigene wird, wenn die Identitäten fließend und durchlässig werden, oder, wie Elisbeth Badinter schreibt: «Indem man die Andersheit besser als früher verinnerlicht, begrenzt man die Fremdheit und das Geheimnis des anderen Geschlechts.»[7]

Bricht mit der androgyn-bisexuellen Zeit im ausgehenden 20. Jahrhundert eine neue künstlerische Ära an? Die Sozialwissenschaftlerin Sandra Brem entdeckte, daß «androgyne», bisexuelle Frauen und Männer, die nicht in Rollenklischees verharren, intuitiver, spontaner, neugieriger, spielerischer und phantasievoller sind als stereotype Heteros.[8] Ähnliche Eigenschaften schreibt der Psychoanalytiker Kohut reifen Narzissen zu, beispielsweise die Freisetzung künstlerischer Fähigkeiten durch eine gelungene Analyse: «Ich (bin) der Ansicht, daß viele schöpferische Aktivitäten in der Endphase der Analyse narzißtischer Persönlichkeiten das positive Ergebnis der vorherigen analytischen Arbeit sind... und daß sie echte Umwandlungen vorher pathogener narzißtischer Positionen sind.»[9]

Künstlerseelen in kunstvollen Körpern, eine Massenerscheinung der androgynen Zeit?

Die Ästhetik durchdringt allmählich den profanen Alltag. Sie ist zur Leitwährung erhoben worden, der Mensch zum «homo aestheticus», sensibel, hedonistisch und mit erlesenem Geschmack. Die Ästhetik hat die alte monogame Liaison mit der

Kunst aufgebrochen und bietet sich im ausgehenden 20. Jahrhundert allen an. Foucaults «Ästhetik der Existenz» preist die Selbststilisierung, die aus dem eigenen Leben ein Werk macht, «das gewisse ästhetische Werte trägt und gewissen Stilkriterien entspricht».[10] Der Stil stilisiert sich zum Erkennungsmerkmal dieser Zeit, und die Form formiert das Lebensgefühl. Ästhetik will nichts anderes als sich selbst, sie erscheint nur als Hülle und ist doch das Ganze. Oder in den Worten Oscar Wildes: «Nur oberflächliche Menschen urteilen nicht nach dem äußeren Schein. Das wahre Geheimnis der Welt ist das Sichtbare, nicht das Unsichtbare.»

Etwas erkennen heißt, seine Ästhetik verstehen; im Griechischen meint Ästhetik «Wahrnehmung». Sie ist der Code zum Individuum, zur Gesellschaft und zur Zeit. In früheren Jahrhunderten bestimmte eine dünne Klasse der Privilegierten die Bedeutung aller Dinge, sie legte fest, was auf welche Art wahrzunehmen und zu bewerten ist. Und über Jahrhunderte war die Kunst ihr Sprachrohr. Heute ist die Funktion der Schönheit demokratisiert. Ästhetisierungsprozesse überrollen Kunst und Klassenschranken. «Könnte diese Gesellschaft ganz wie sie wollte», vermutet der Philosoph Wolfgang Welsch, «sie würde die urbane, industrielle und natürliche Umwelt wohl in toto in ein hyperästhetisches Szenario umbilden – zu einem Gesamtkunstwerk, so daß Kunst überflüssig würde.»[11]

Die Stilisierung ist bis zum Körper selbst vorgedrungen. An ihm schnitzen und spachteln mittlerweile Männer und Frauen gleichermaßen, um das Ideal zu erreichen, das die zeitgemäße Ästhetik vorschreibt. Es geht um den schönen Einheitskörper, in dem sich alle selber finden sollen, um sich selbst im anderen als das perfekte Selbst begehren zu können: die Antwort auf eine narzißtische Single- und Scheidungs-Kultur. Singles, ob hetero-, homo- oder bisexuell orientiert, ob aus zerbrochenen Partnerschaften oder nicht, stehen auf dem Selbstanbieter-Markt immer in Konkurrenz mit anderen. In diesem unübersichtlichen Angebot zählt nur der aktuelle ästhetische Stil, der mit dem Körper auch die Sexualität erfaßt. Und auch sie gehorcht marktwirtschaftlichen Prinzipien, von denen heute das vielleicht wichtigste heißt: In der Stilisierung besteht die Lust. In der Produkt-Überfluß-Gesellschaft, die mehr Arbeitskraft in die Präsentation der perfektionierten Produkte als in deren Herstellung investiert, hält sich auch die Sexualität an ästhetische Kriterien.

Im allgegenwärtigen Bilderstrom reizt nur das Visuelle. Gestylte Augen locken: In uns findest du selige Geheimnisse. Ein rot retouchierter Mund flüstert: Ich bin die Leidenschaft. Die manicurten Hände versprechen: Wir spenden zärtliche Wärme. Ein Designer-Pullover schreit: Sieh her, wie sexy ich bin! Und Marken-Jeans knistern heiser: Hast du jemals etwas Heißeres gesehen?

Die artifizielle Sprache des Körpers wird zur Kupplerin zwischen zwei Menschen, wenn Herkunft, Stand, Klasse, Religion ausgedient haben. Selbst das Geschlecht kapituliert allmählich vor der Ästhetik; sie entscheidet, ob es zur Annäherung kommt.

«Egal ob Mann oder Frau: Ich liebe die Schönen», faßt der Designer Wolfgang Joop das Lebensgefühl des In-Menschen in Worte. Joop stylt nicht nur beruflich die Schönen, er liebt sie auch privat. Seine Branche gehört zum rapide wachsenden Wirtschaftszweig, der aus Lebensbereichen Erlebniswelten schafft, dem Konsumenten «primär die ästhetische Aura und nur nebenbei den Artikel»[12] verkauft.

## Standpunkte

Bisexualität durchquert alle Regionen dieser Erde. In dreißig Kulturen weltweit, in Afrika, Eurasien, dem Pazifik, Nord- und Südamerika entdeckten Forscher bi- und homosexuelle Praktiken. In reichen und in bitterarmen Gesellschaften; in allen Siedlungsformen, ob in nomadischen Horden oder Städten, in den meisten Ehe-, Familien- und Haushaltsformen. Bisexualität erweist sich als ein menschlicher Grundzug, der in westlichen Zivilisationen immer offensichtlicher wird.

Woran wird Bisexualität erkannt? Gehört die Zukunft tatsächlich der bisexuellen Liebe?

## Annäherungen

Erstaunlich, wie viele Menschen, die als Heteros durchgehen, für die Bisexualität eine Lanze brechen, bevor sie überhaupt zu einem Urteil aufgefordert werden. Einige werten differenziert: «Hält die Ehe fit!» oder: «Wir sind alle bi!» Penetrant, wer nachhakt: «Wie steht es mit Ihrer eigenen Erfahrung?» Vor genau dieser Frage sollte wohl die dezidierte Meinung schützen. Denn sie signalisiert: «Ich verfüge über Inside-Informationen.» Der sexuelle Offenbarungstrieb, der vor Fernsehkameras ausgelebt wird, weicht im persönlichen Gespräch vielschichtigen Andeutungen von Gemeintem und So-nicht-Gemeintem, von Selbstinszenierungen und dem Wunsch nach Wahrhaftigkeit. Interviews zu Bisexualität treiben das Spiel noch eine Drehung weiter: Verlangt nicht Bi, als zweifache Sexualität, doppelte Doppelbödigkeit? Gerade weil noch nicht ganz feststeht, was Bisexualität denn wirklich ist und ob man so sein will, kann oder soll. Immerhin empfehlen TV-Shows den kleinen Test nach dem Slogan: «Ein bißchen bi schadet nie!»

Das Thema findet Widerhall. Es scheint reizvoll zu werden, das Verlangen irgendwo zwischen zwei Pole zu spannen. Im gähnend hypertrophen Angebot ausgefallener Sexpraktiken verspricht die Bisexualität eine subtile Variante zu sein, die den Zeitgeist trifft. Der Cocon, der bisexuelles Verlangen in der abendländischen Kultur seit jeher mehr oder weniger stark eingesponnen und geschnürt hielt, fällt wie von einem Schmetterling langsam ab. Wird er noch fliegen können, leicht, zärtlich, in Pirouetten zwischen den Blumen?

Der Flug dieses sanften Sommervogels steht zwar bevor, doch er ist mitnichten neu: Bisexualität ist so alt wie die Menschheit selbst. Auf das 6. Jahrhundert vor Christus geht der Begriff der lesbischen Liebe zurück, die im Grunde bisexuell war. Damals unterrichtete die griechische Dichterin Sappho auf der Insel Lesbos junge Mädchen im Kult der Aphrodite und der Musen, ein Initiationsritual, das die Novizinnen auf ihre Rolle als Ehefrau einstimmte. Doch bevor sie sich nur ihren Männern widmeten, amüsierten sich die Frauen inniglich zusammen. Sappho aber starb aus Kummer über die unerwiderte Liebe Phaons, eines Mannes.

Spiegelbildlich übten sich die Männer des antiken Griechenlands in der Knabenliebe, die als Lehrer-Schüler-Liebe philosophisch-schwärmerisch gepriesen wurde. Und in sogenannten «Naturvölkern» existiert die gleichgeschlechtliche Sexualität häufig als Normalität neben der – allerdings höher bewerteten – Heterosexualität.

In der abendländischen Neuzeit genoß vor allem der Adel des Rokoko Sex ohne Geschlechter-Schranken. Wie die Aufklärung den Geist von Ignoranz befreite, entfesselten die französischen Aristokraten die Sexualität von christlichen Ketten. Sie perfektionierten den Körper zum Lustapparat und übten die Überschreitung moralisch vorgegebener Schranken. Zeitzeugen wie der Marquis de Sade berichten von zärtlichen bis blutigen Lustexzessen zwischen Frauen, Männern und Instrumenten in jeglicher Kombination. Der Trieb wurde zum Selbstzweck. Herzoginnen und Diener, Prinzessinnen und Kammerzofen, Priester und Höflinge, alle, Frauen und Männer, die am Hof verkehrten, redeten von den Techniken der Lust und probierten sie möglicherweise aus. Ob jedoch alles tatsächlich so war, wie es libertine Dokumente überliefern, oder ob Träume hin und wieder die Feder führten – darin unterscheidet sich das Rokokogeflüster über die Boudoirs nicht von den Sex-Plaudereien in Fernsehstudios.

Die Libertinage konnte ihr Credo nicht erfüllen, die Lust erstarrte zur zwanghaften Mimikry, und der von Gefühlen befreite Trieb ermattete an sich selbst. Der Befreiungsversuch der Lust endete in der romantischen Liebe, die zwar die klerikale christliche Macht verdrängte, aber um so radikaler einer rigorosen weltlichen Moral gehorchte. Das erstarkte Bürgertum übte sich in Selbstdisziplin, Lustverzicht, Prüderie, kurz in allem, was dem Geist des Kapitalismus förderlich und der Industrialisierung nützlich war.

Bürgerliche Werte wölbten sich als Gewächshaus über die Ehe, in der Monogamie und Kleinfamilien-Solidarität kultiviert und die neuen Staatsmaximen Gewinnstreben und Verantwortung gezüchtet wurden. Nicht mehr das Überleben als Hausgemeinschaft sicherte den ehelichen Zusammenhalt, sondern das Privatissimum der Seelen, die Überhöhung des individuellen Bereichs, der als sensibel romantischer Pol die knochenharte Außenwelt ausgleichen sollte. Rationelles Handeln prägte fortan die Ökonomie, begleitet von der vernunftbegabten Wissenschaft, die allmählich in alle Lebensbereiche drang.

In jener Zeit erhielt die Bisexualität ihren Namen. Charles Darwin verwendete den Begriff erstmals 1869, um das Zwittertum zu beschreiben. Es war die Zeit, in der die naturwissenschaftliche Erkenntnis-Euphorie ausbrach. Seele und Sexualität wurden ebenso erforscht, «objektiviert» und geordnet wie die übrige Natur. Im Forscher-Taumel des 19. Jahrhunderts problematisierte niemand vernehmlich die Objektivierungskünste der Wissenschaften, kämpften sie doch gegen Fatalismus, Unvernunft und religiöse Vorurteile. In dieser Logik mußte alles, was als «normal» erscheinen wollte, «Natürlichkeit» beweisen.

Meßlatte und Normalmaß der Sexualität bildete die Mann-Frau-Beziehung. Die heterosexuelle Liebe schien «natürlich», weil sie der biologischen Funktion entsprach. Abweichendes wie Homosexualität, die allein der Lust gehorchte, galt in der Wissenschaft als krank, verirrt und heilbedürftig. Das übertrug dem

Irrenhaus zunehmend die Funktion einer therapeutischen Strafanstalt.

Für die Anerkennung der gleichgeschlechtlichen als einer «natürlichen» Form der Sexualität setzte sich vor allem der homosexuelle Jurist Carl Heinrich Ulrichs ein. In den sechziger Jahren des 19. Jahrhunderts stellte er die Theorie auf, daß Homosexualität eine naturgegebene Zwischenstufe zwischen männlicher und weiblicher Sexualität darstelle. Dreißig Jahre später übernahm Magnus Hirschfeld die Theorie, um die Homosexualität aus dem Strafraum zu holen – doch es blieb ein schwieriges Erbe. (Wie schlecht es mit der Toleranz bestellt ist, wenn die Natur als Alibi herhalten muß, zeigte sich schon bald: Im Wahn, das «natürlich Minderwertige auszumerzen», pervertierten die Nazis auch die Zwischenstufentheorie, um Homosexuelle zu verfolgen.)

Als «Stiefkinder der Natur» beschrieb der Sexualwissenschaftler Richard von Krafft-Ebing 1886 in seiner *Psychopathia sexualis*, einer Sammlung ungewöhnlicher Lebensgeschichten, Fetischisten, Sadomasochisten, Bisexuelle, Homosexuelle und andere «Perverse». Und er führte, wie später auch Sigmund Freud, den «psychischen Hermaphroditismus» auf, das sexuelle Verlangen nach beiden Geschlechtern, also Bisexualität im heutigen Sinn.[1] Bis zum Ende des 19. Jahrhunderts tauchte der Begriff Bisexualität in der philosophischen und psychiatrischen Literatur immer häufiger auf.

Als Gegenströmung zur alles-klassifizierenden Naturwissenschaft verehrte die Romantik das Außergewöhnliche und nicht Berechenbare, die Gefühle und nicht den Verstand. Bisexualität, die an die ersehnte göttliche Ganzheit erinnerte, gewann eine transzendente Aura. Ein «heidnischer» Hermaphroditen-Kult, in dessen Rausch bereits Antike und Renaissance schwelgten, kulminierte schließlich im Fin de siècle. Das Ungewöhnliche und nicht «Normale», das Bisexuelle und nicht das Heterosexuelle, wurde zum Göttlichen.

Der deutsche Romantiker Friedrich Schlegel entdeckte die «höchste Wollust in der Idee des Hermaphroditen», und Théophile Gautier, auf den Spuren Schlegels, beschrieb 1837 die Wiener Ballettänzerin Fanny Elssler mit den Worten: «Ihre Hüften sind wenig entwickelt, ihre Brust ist nicht stärker als die Rundungen des antiken Hermaphroditen; so wie sie eine sehr bezaubernde Frau ist, könnte sie auch der bezauberndste Jüngling der Welt sein.»[2]

Und Gautiers Romanfigur ‹Mademoiselle de Maupin› seufzte: «...wirklich ist der Sohn des Hermes und der Aphrodite eine der anmutigsten Schöpfungen heidnischen Geistes... Gibt es wohl eine reizvollere Ungewißheit als die, die das Betrachten dieses Rückens, dieser geheimnisvollen Lenden hervorruft?...» Außerdem: «Ich gehöre einem dritten, gesonderten Geschlecht an: Nie werde ich ganz lieben können, weder Mann noch Frau; etwas Unerfülltes grollt stets in mir: Mein Wunschtraum wäre, beide Geschlechter abwechselnd zu besitzen, um meiner doppelten Natur Genüge zu tun: heute einen Mann, morgen eine Frau...»[3] Allein die Tiefe des Sehnens rechtfertigte in jener Zeit bereits das Ziel der Gefühle.

Obwohl als Sehnsucht nach Vollkommenheit geadelt, galt der Kult des hermaphroditischen Wesens nicht nur der Inkarnation des Schönen, Harmonischen und der Anmut, sondern auch der Amoral und der Ambivalenz. Erotik und Abgründiges, Göttliches und Heidnisches, Androgynie und Bisexualität flossen in der Huldigung zusammen. Biologische und psychische Bisexualität wurden synonym verwendet.

Die Ambivalenz des Grenzüberschreitenden zwischen Heiligkeit und Sünde findet sich bereits in der christlichen Legende der heiligen Magdalena, Sünderin und Auserwählte Christi. Und im antiken Kulturerbe wird sie vor allem in der Homosexualität verehrt. Noch bei Oscar Wilde (1854–1900) bedingen sich Göttliches und Homoerotisches: «Sicherlich mußte der junge Priester ein Heiliger sein, und der Knabe neben ihm glich eher

einem himmlischen Engel, als einem Kind der Menschenerde»,
dachten alle, die das Liebespaar erblickten.[4] Das absolute Ideal
lebt in der Verehrung, dem antiken homoerotischen Leitbild:
Der junge Mann, der ein verläßliches Objekt seiner Liebe
braucht, findet in seinem Lehrer jene Hingabe, die ihn vor den
eigenen Ängsten schützt, sich selbst in der Liebe zu verlieren.

Im Hermaphroditen vollenden sich das Einzigartige und Auserwählte. Er bindet, was das Irdische trennt. Denn der Mythos
des Hermaphroditus vereint die Geschlechter im doppelten
Sinne: Salmacis, die in den schönen Sohn von Hermes und
Aphrodite verliebte Nymphe, bat die Götter, sie nie wieder von
ihrem Geliebten zu trennen. Die Götter erhörten ihr Gebet und
vereinigten die beiden Geschlechter. Hermaphroditus, ein Halb-
gott, vereint die doppelte Natur mit der Liebe. Diese doppelgeschlechtliche Gottheit durchzieht viele religiöse Vorstellungen, in denen menschheitsgeschichtliche Symbole als Urbilder
des kollektiven Unbewußten auftauchen.

Was die Dichter des 19. Jahrhunderts vordachten und verehrten, analysierten bald die Forscher. Das Phänomen der Bisexualität reizte den analytischen Verstand, zumal die Natur-
wissenschaften die in jedem Menschen angelegte Doppelnatur
entdeckten.

Gedrängt von seinem damaligen Freund Wilhelm Fließ, versuchte Sigmund Freud die Frage zu ergründen, wie die doppelgeschlechtliche Natur auf die sexuelle Neigung abfärbt. Die biologische Doppelnatur läßt sich nachweisen: in den ersten beiden
Monaten ist der Embryo ein sexuelles Neutrum, das sich sowohl
zum Mann als auch zur Frau entwickeln kann. Das endgültige
Geschlecht entsteht erst im dritten Schwangerschaftsmonat.
Freud folgerte: «Ein gewisser Grad von anatomischem Hermaphroditismus gehört… der Norm an; bei keinem normal ge-
bildeten männlichen oder weiblichen Individuum werden die
Spuren vom Apparat des anderen Geschlechts vermißt. Die Auf-
fassung, die sich aus diesen lange bekannten anatomischen Tat-

sachen ergibt, ist die einer ursprünglich bisexuellen Veranlagung, die sich im Lauf der Entwicklung bis zur Monosexualität mit geringen Resten des verkümmerten Geschlechtes verändert.»[5]

Wilhelm Fließ vermutete, das in der Person vorherrschende Geschlecht habe das andere ins Unbewußte verdrängt. Diese These kann nur stimmen, wenn das biologische und das psychische Geschlecht identisch sind, aber, so Freud: «bei männlichen und weiblichen Individuen (kommen) sowohl männliche, wie weibliche Triebregungen vor.»[6] Freud erkannte als erster, daß das psychosoziale Geschlecht – wie Menschen das eigene Geschlecht erleben – nicht zwangsläufig mit dem biologischen Geschlecht übereinstimmt. Die englische Sprache kennt dafür zwei unterschiedliche Begriffe: das biologisch vorgegebene Geschlecht heißt «*sex*», das erworbene, die Geschlechtsidentität, «*gender*». Die Richtung des Verlangens gilt als sexuelle Neigung, die nicht mit dem tatsächlichen Verhalten, das sich an der Geschlechtsidentität orientiert, harmonieren muß. Ein Mann, der sich als «richtigen» Kerl betrachtet, liebt wahrscheinlich heterosexuell, selbst wenn er eine bi- oder homosexuelle Neigung hat.

Sein Wissen um die ursprüngliche Doppelnatur des Menschen versuchte Freud mit seiner Trieblehre zu verknüpfen. Das gelang ihm zwar nie, doch beschrieb er die bisexuelle Struktur des Verlangens, das sich beiden Geschlechtern gleichzeitig zuwenden kann: «Es ist bekannt, daß es zu allen Zeiten Menschen gegeben hat und noch gibt, die Personen des gleichen wie des anderen Geschlechts zu ihren Sexualobjekten nehmen können, ohne daß die eine Richtung die andere beeinträchtigt. Wir heißen diese Leute Bisexuelle... wir haben aber gelernt, daß alle Menschen in diesem Sinne bisexuell sind, ihre Libido entweder in manifester oder in latenter Weise auf Objekte beider Geschlechter verteilen.»[7] Die Vorstellung vom flexiblen Wesen des Triebes, der – «polymorph pervers» – an unterschiedlichsten Objekten andocken kann, enthält bereits die Möglichkeit der Bisexualität.

Freud war dem vielschichtigen sexuellen Verlangen eher auf der Spur als Carl Gustav Jung.

Zu Jungs Theorie führt der gleichnishafte Mythos des Androgynen: einst lebten drei Arten von Menschen, berichtet Aristophanes in Platons *Gastmahl*, die weibliche, die männliche und eine dritte Art, die mit zwei Gesichtern und zwei Geschlechtern ausgestatteten Androgynen. Sie waren stark und bedrohten die Götter, die zur Strafe die doppelgeschlechtlichen Wesen zweiteilten. Seitdem sehnen sie sich nach ihrer zweiten Hälfte.

Carl Gustav Jung hat das Sehnen nach Vollkommenheit, nach dem «fehlenden Geschlecht», zum Archetypus schlechthin erklärt und in seiner tiefenspsychologischen Animus-Anima-Sprache formuliert. Ihre Grammatik geht davon aus, daß sich die Seele nur nach etwas sehnen kann, das sie kennt, das sie aber nicht ausleben und nicht erleben kann. Ihre ureigenen Spuren locken die Psyche auf die Fährte des anderen. Die Anima, Inbegriff des Eros, verkörpert das Weibliche im Mann und drängt ihn zu seiner weiblichen, ihr entsprechenden Liebespartnerin. Der Animus, Verkörperung des Logos und des schöpferischen Geistes, agiert als männlicher Keim in der Frau, der ebenfalls einen Partner nach seinem Ebenbild sucht. Animus und Anima streben nach Ganzheit, nach Selbsterfüllung.

Beflügelt durch Jungs Pathos, allen Dingen einen kosmischen Sinn zu verleihen, hat die Animus-Anima-Metapher in sakrale Höhen abgehoben, in Sphären fernöstlicher Religionen, die das göttliche Prinzip als die Vereinigung des Weiblichen und des Männlichen betrachten.

Obwohl Jung als umfassender Interpret des Bisexuellen gilt, proklamiert er implizit die heterosexuelle als die göttliche Liebe. Das Männliche ist Geist, das Weibliche ist Eros. Wenn die Frau vom Animus besessen ist, verliert sie ihre Weiblichkeit, genauso wie der Mann durch die Anima «verweiblicht» werden kann: «Solche psychischen Geschlechtsumwandlungen rühren einzig und allein davon her, daß eine Funktion, die nach innen gehört, nach außen gekehrt wird.»[8] Aus der Sicht Jungs drohen Perversionen, wo das Männliche und das Weibliche in einem Menschen gleichberechtigt auftauchen. Beim männlichen Mann gehört das Weibliche, bei der «richtigen» Frau das Männliche in tiefste Seelenschichten. Eine schwache Geschlechtsidentifikation, wenn die Seele nicht vom anderen, sondern vom eigenen Geschlecht besetzt ist, führt zu Homosexualität.

Jungs Rechenexempel des Verlangens erreicht die bisexuelle Liebe nicht. Bisexualität beschreibt er als die grundsätzlich doppelgeschlechtliche Psyche, die aber von einem Geschlecht beherrscht wird, während das andere nur als Schatten existiert. Fortan suchen Liebende im anderen die jeweils «zweite» Hälfte ihrer selbst. Damit entwirft Jung eine Neufassung des Androgynen-Mythos, nicht aber eine Theorie der grundsätzlich bisexuellen Liebe.

Mit der Kraft der Intuition versuchte 1923 der psychoanalytische Außenseiter Georg Groddeck, Bisexualität zu erfassen: «Der Mensch ist bisexuell sein Leben lang und bleibt es sein Leben lang, und höchstens erreicht dieses oder jenes Zeitalter als Konzession für eine modische Sittlichkeit hier und da, daß bei einem Teil – einem recht kleinen Teil – die Homosexualität verdrängt wird, womit sie aber nicht vernichtet, sondern nur eingeengt ist. Ebensowenig wie es rein heterosexuelle Menschen gibt, ebensowenig gibt es rein homosexuelle.»[9]

Auch die größere weibliche Flexibilität erahnte Groddeck: «Meinerseits möchte ich die Vermutung aussprechen, daß die Frau in ihrer Erotik viel freier der Tatsache der zwei Geschlechter gegenübersteht; es kommt mir vor, als ob sie ein ziemlich gleiches Quantum Liebesfähigkeit für ihr eigenes und für das entgegengesetzte Geschlecht hat.»[10]

Groddeck war ein Zeitgenosse der «roaring twenties», jener Jahre berstender Gier nach Lust und Liebe, nach grenzüberschreitenden Momenten. Geschlechterschranken fielen, eine bisexuelle «Massenbewegung» zog durch die Betten – bald verfolgt von den amoklaufenden Nazis. Die neue Freiheit und das neue Wissen um den bisexuellen Urgrund der Liebe fielen der umnachteten Mentalität der Saubermänner zum Opfer. Die homo- und entsprechend auch bisexuelle «Seuche» wurde «ausgemerzt». Wissenschaftler aller Schattierungen gingen dem Regime freiwillig zur Hand. «Hormonforscher legitimierten Zwangskastrationen mit der Lehrmeinung, daß Homosexuelle ‹vergiftete› Hormone produzieren; Genetiker befürworteten Zwangssterilisationen, weil sie auf die Erblichkeit der Homosexualität setzten; endokrinologische Zwischenstufentheoretiker empfahlen Behandlungen mit männlichen Hormonen… Und auch die etablierte Psychotherapie, die einen großen Aufschwung im ‹Dritten Reich› erlebte, war zur Stelle.»[11]

Erst amerikanische Wissenschaftler führten die vor dem Nationalsozialismus in Deutschland entstandene Sexualforschung pragmatisch weiter. Sie wollten wissen, wie viele Menschen wie und mit wem Sex praktizieren, und sie entdeckten: Was als Ausrutscher der Natur oder fehlgeleitete Leidenschaft der Seele galt, hat buchstäblich gesellschaftliches Gewicht. Es gibt mehr «Abweichungen», als die Heteros erahnten. Zwischen Hetero- und Homosexualität schiebt sich ein gewaltiger Strom von Erfahrenen an beiden Ufern. Nur 63 Prozent der amerikanischen Bevölkerung haben keine gleichgeschlechtliche, und nur vier Prozent keine Erfahrung mit dem anderen Geschlecht, stellte Alfred Charles Kinsey 1948 fest.[12] Das restliche Drittel rangiert dazwischen, entweder näher an der Homo- oder an der Heterosexualität. Ein Drittel der US-Bürger hatte mindestens einmal mit beiden Geschlechtern sexuellen Kontakt.

Kinseys Verdienst: Er demontierte mit seiner Sieben-Punkte-Skala – von rein hetero- bis rein homosexuell – den Mythos vom Niemandsland zwischen Homos und Heteros. Obwohl seine Erhebung auch problematische Aspekte hat (beispielsweise wertete er sporadische pubertäre Spiele in gleicher Weise wie sporadische homosexuelle Kontakte im späteren Leben), widerspricht er der gängigen Vorstellung, daß Bisexualität nur eine phasisch auftretende Erscheinung, ein Übergangsstadium zu einem eindeutigen Ziel, markiert. Bisexualität kann seit Kinsey nicht mehr als unreifes Verhalten gelten, sondern muß als Variante auf einer breiten Skala des Empfindens angenommen werden. Die Hälfte der Männer spricht ein Leben lang in einer mehr oder weniger bewußten Form auf Reize des eigenen Geschlechts an.

In Deutschland untersuchte beispielsweise Ulrich Clement[13] das Sexualverhalten Studierender: 1981 hatten ein Viertel der männlichen und 18 Prozent der weiblichen Studenten gleichgeschlechtliche Kontakte gehabt, die meisten allerdings während der Adoleszenz, vor dem 20. Lebensjahr.

In der Pubertät lockt vieles, und manches wird getestet, Unbekanntes weckt Neugier und Angst zugleich. Jene, die nach der Adoleszenz kein gleichgeschlechtliches Verlangen mehr verspüren, gelten statistisch als heterosexuell. Der griechische Philosoph Platon meinte sogar, daß erst die homosexuelle Erfahrung den jungen Mann zum richtigen Manne macht, da er dem männlichen Vorbild nacheifert. Diese Vorstellung entspricht der griechischen Verehrung der päderastischen Liebe.

Die Sexualwissenschaftler erklären die pubertäre homosexuelle Tendenz unterschiedlich. Dannecker und Reiche[14] sehen darin zum einen die Wiederkehr frühkindlicher verdrängter Strebungen, zum anderen den rein pragmatischen Mangel an heterosexuellen Aktivitätsmöglichkeiten in der Jugend. Wenn Bisexualität als Wurzel der Sexualität angesehen wird, meint Charlotte Wolff, sind die gleichgeschlechtlichen Kontakte quasi Programm, und ihr Entschwinden bedeutet Verdrängung oder Entfremdung von der ursprünglichen Bisexualität. Charlotte Wolff führte vor rund zwanzig Jahren die erste umfassende empirische Bisexualitätsstudie durch.

«Nach meiner eigenen Definition ist Bisexualität die Wurzel der menschlichen Sexualität und die Matrix aller biopsychischen Reaktionen, seien diese nun passiv oder aktiv. Die Bisexualität äußert sich zunächst und vor allem in zwiegeschlechtlicher Identität, die zu bisexueller Lebensweise führen kann, aber nicht muß.»[15] Charlotte Wolff unterstellt einen Gleichklang zwischen biologischem Sein, psychischer Struktur und Sexualverhalten. Damit fällt sie hinter die Einsicht Freuds zurück, der die sexuelle Biographie eines Menschen vielschichtiger betrachtete: Biologisches Geschlecht und psychische Geschlechtsidentität bilden kein grundsätzlich harmonisches Ganzes, das allein durch einseitige Verdrängungen auseinanderfällt. Wolff beruft sich auf C. G. Jung, zieht jedoch gegensätzliche Schlüsse. Die nach Jung doppelgeschlechtliche Seele sehnt sich nach dem jeweils «unterentwickelten» Andersgeschlechtlichen. Nach Wolffs These aber müßte sich das Verlangen nach beiden Geschlechtern gleichermaßen sehnen.

Um zu erfassen, wie breit der Begriff der Bisexualität ist, gilt es, auf drei Ebenen zu denken. Zur *Ebene der Geschlechtsidentität* gehören die Selbstakzeptanz als weiblich oder männlich (Kern-Geschlechtsidentität) und das psychische Selbstbild als feminin oder maskulin. Das Selbstbild richtet sich nach gesellschaftlichen Normen, die auch die sexuelle Orientierung bestimmen (Geschlechtsrollenidentität). Dann folgen die *Ebene des biologischen Geschlechts* und die *Ebene der sexuellen Neigung*, die von der sexuellen Orientierung abweichen kann. Für viele Interpreten des Bisexuellen bestimmt allein die Neigungs-Ebene über das Etikett bisexuell. In der Praxis überlappen sich die Bereiche: Die Übereinstimmung zwischen der Selbstetikettierung als bisexuell und dem tatsächlichen Verhalten beträgt rund achtzig Prozent. Jede fünfte Frau, die sich bisexuell verhält, stuft sich nicht als bisexuell ein.[16] Die Neigung oder Präferenz verliert sich zwischen diesen Polen.

Wie bei vielen Dingen gilt hier: je unsicherer der Boden, um so rigoroser werden theoretische Haltepflöcke eingerammt. Der «mühelose Wechsel von hetero- zu homosexuellen Beziehungen» fällt wegen Instabilität aus dem Rahmen und erhält den

Namen «Ambisexualität». Dieses leichtfüßige Hin- und Her-flippen «trifft auf die Bisexualität keinesfalls zu, bei der die Liebe zu den beiden Geschlechtern nicht austauschbar ist. Hetero- und homosexuelle Beziehungen existieren Seite an Seite. Sie sind unterschiedlicher Natur, und viele der Befragten erklär-ten, daß sie sich gegenseitig ergänzen und stärken.»[17] Nach dieser Definition von Charlotte Wolff ist nur bisexuell, wer gleichzeitig zu beiden Geschlechtern eine Beziehung wünscht, um sexuell erfüllt zu sein. Zwischentöne werden ausgegrenzt und mit ihnen jene Menschen, deren Neigungen unklar sind, oft phasisch wechseln und nie abgekoppelt von der jeweiligen Lebenssituation existieren.

Die puristische Definition allerdings, daß nur bisexuell ist, wer im Erwachsenenalter sexuelles Verlangen nach beiden Geschlechtern zugleich empfindet und auszuleben sucht, hält sich hartnäckig. Nicht gezählt wird «Not-Homosexualität», wie sie beispielsweise Gefangene praktizieren, oder die «Pseudobisexualität» von Strichern, die homosexuelle Kontakte allein zum Gelderwerb eingehen. William H. Masters und Virginia E. Johnson[18] unterschieden von den reinen Neigungs-Bisexuellen auch die erwähnten promisken «Ambisexuellen», die Sex aus Sucht und nicht aus Neigung praktizierten. Wo aber gehören die homoerotisch empfindenden Männer und Frauen hin, die aus gesellschaftlichen Gründen, aber teils auch aus Neigung in eine Ehe abtauchen und in keiner Bisexualitätsstatistik stehen? Und wozu zählen jene, die in bestimmten Lebensphasen temporäre, häufig nur sehr kurzfristige, gleichgeschlechtliche Intimitäten suchen? Sie erleben, wie Volkmar Sigusch feststellt, ihr jeweiliges Verhalten als ihre wahre, eigentliche Art. Sie fühlen sich entweder homo- oder heterosexuell, je nachdem in welcher Lebensphase sie augenblicklich stecken.

Die Erkundung der Breite bisexuellen Verhaltens könnte zu einem echten Abenteuer für forschende Psychologen werden. Doch viele verzichten auf das risikoreiche Unternehmen und entscheiden statt dessen vom Schreibtisch aus, was Bisexualität denn wirklich ist. Sie gehen auf dem sicheren Weg, der weder im Abgrund der sexuellen Triebe versinken noch im Dschungel der Gefühle steckenbleiben kann. Wie Kartographen ziehen sie Grenzen durch einen neuentdeckten Kontinent. Das tatsächliche Verhalten und Verlangen aber variieren unendlich und sperren sich engen Klassifikationen.

Die Geschichte der Bisexualität muß eher als Vielfalt individuell geprägter Lebensgeschichten betrachtet werden, als ein «Konzept von sich selbst bzw. als eine Überzeugung von sich selbst…, welche mit Verhalten, Interessen oder Zuneigungen mehr oder weniger» übereinstimmen können, aber nicht müssen.[19] Dieses Konzept versucht nicht, eine innere Harmonie vorzugaukeln, die sich nicht erzwingen läßt, sondern nimmt Entscheidungen ernst und auch ihre Wandlungen.

Noch fühlen sich viele bisexuelle Menschen in ihrer Rolle nicht behaglich. Einige würden sich, wenn es billig und risikolos zu machen wäre, zur Monosexualität umfunktionieren lassen. Sie wagen nur schambeladen und verstohlen, das Neuland zu betreten, bevor es abgesteckt und als sexueller Subkontinent ausgewiesen ist. Sie vermeiden vorsichtig jede demonstrative Grenzüberschreitung und hoffen auf eine ambivalenzfreie sexuelle Orientierung. Die aber verleiht die heterosexuell dominierte Gesellschaft bisher nur jenen, die sich zumindest in einem klar umrissenen Ghetto unterbringen lassen. Noch ist das Selbstbild bisexueller Menschen verhakelt mit gesellschaftlichen Normen, die Sexualität eindeutig zu leben.

Psychologen des «Gay-Lesbian Bisexual Center» in San Francisco – des weltweit wahrscheinlich größten bisexuellen Netzwerks – beklagen denn auch, daß sich ein Teil ihres Klientels unsicher und unvollständig fühlt, nur halb geliebt und halb geachtet. Das verführt dazu, bisexuelles Verhalten als kurzfristigen Ausrutscher oder Test der eigenen Gefühle zu trivialisieren. Die logische Trotz-Konsequenz: sich allein über die «Abweichung» zu definieren – wahrscheinlich ein unumgänglicher Schritt zur Emanzipation.

Stilbildend haben vor allem homosexuelle Männer im Kampf um gesellschaftliche Anerkennung ihre sexuelle Präferenz zur «homosexuellen Identität» erklärt. Nun, da die Welt der «Normalen» dieses Selbstverständnis mehr oder minder akzeptieren lernte – vielleicht allein deshalb, weil es fein säuberlich die anderen von dem Eigenen trennt und so auf Distanz hält –, suchen andere «Abweichler» gleichermaßen nach einer sexuellen Identität, die wie eine Zauberformel die Mühen mit der Libido aufzulösen scheint. Mittlerweile entwickeln jedoch Schwule mehr und mehr ein Sensorium dafür, daß sexuelle Identität für sie festgeschriebenes Minderheiten-Schicksal heißt. Ihr ganzes Leben wird unter dem Stigma homosexuell betrachtet und bewertet, nicht mehr individuell bestimmt, sondern von der heterosexuellen «Normalität» oktroyiert. Der französische Philosoph Alain Finkielkraut nennt dies die «Zuweisung der Differenz»[20], die Verwechslung des Menschen mit seinen Eigenheiten. Immer häufiger bezeichnen sich deshalb homosexuell fühlende Menschen nicht mehr substantivisch als Homosexuelle.

Ohne Zweifel: die Vielfalt der Homosexualitäten kann mit einem einzigen Konzept nicht eingefangen werden. Doch viele bisexuell Fühlende sehen sich noch im Kampf um die Anerkennung ihrer Lust und suchen deshalb nach einer Bi-Identität, die sie möglicherweise, wenn dieses Stadium durchkämpft ist, wieder lockern können. Einer homogenen Gruppe fällt es leichter, um ihre Gleichberechtigung zu kämpfen – allerdings um den Preis, daß nach dem «Grund der abweichenden Identität» gefragt und damit die Mehrheit als «Normalität» verankert wird. Trotzdem ist bis heute der Versuch nicht aufgegeben worden, die Entstehungsgeschichte «abweichender» sexueller Orientierungen zu schreiben. Umsonst: «Es soll… daran erinnert werden, daß keine einzige Theorie zur Entstehung der

Homosexualität durch Forschungsarbeiten bestätigt werden konnte...», welchen Ansatz auch immer sie hatte.[21] Masters, Johnson und Kolodny sichteten die Theorien zur Entstehung der Homosexualität und kamen zum Ergebnis, daß alle – genetische Ansätze, Hormontheorien, psychologische Theorien, Lerntheorien... – nur sehr lückenhaft die «Ursache» erklären können.[22] Selbst wenn die Bisexualität als ‹normales› Verlangen akzeptiert wird, bleibt sie ein Stachel im Fleisch der Gesellschaft, besonders in AIDS-Zeiten. Wie kann, unter diesem Menetekel, die Zukunft der Bisexualität aussehen?

Ein mögliches Szenario: Die Angst vor dem «Untreue-Faktor» Bi, dem Risiko, die Infektion zwischen den Geschlechtern stärker zu potenzieren als bislang in Europa der Fall, kann in Diskriminierung, besonders bisexueller Männer, umschlagen. Es muß nicht AIDS sein, das Bisexuelle zu Sündenböcken stempelt. Eine kollektive Paranoia vor sexueller Belästigung beispielsweise reicht durchaus, um so etwas wie einen McCarthyismus gegen Bisexuelle loszutreten.

Ein reales Szenario: Im ausgehenden Jahrtausend loten Zeitgenossen – geleitet von den Medien – ihr Innerstes nach Sehnsüchten aus und entdecken immer neue. «Das ist es, das werde ich probieren!» verkündete ein junger Mann, als er in einer TV-Show ein Video über Bisexualität betrachtete. Doppelte Information des doppelbödigen Medienspektakels: Sich informieren erweitert den Horizont des Erlebens. Denn alles, was als Möglichkeit im Individuum steckt, scheint auch erlebbar, wenn der Zeitgeist das Script dafür bereithält. Das biologische Geschlecht spielt keine besondere Rolle mehr; geliebt wird, was dem aktuellen Wunsch entspricht – geschlechterübergreifend. In den Worten einer Bi-Frau: «Wenn mein Freund so wäre wie meine Freundin, würde ich genausooft mit ihm schlafen.»

Vielleicht entgrenzt die Zeit die Zweiteilung der Geschlechter und eröffnet der Sexualität einen flexibleren Spielraum.

Vielleicht werden Geschlechtsidentitäten durchlässiger, oder Mann und Frau werden «Zwillinge von unterschiedlichem Geschlecht», die, nachdem ihre Geschlechtsidentität als Mann oder Frau fest verankert ist, die ursprüngliche Bisexualität wiederentdecken.[23]

# Androgynie
## und Sehnsucht

Wahrscheinlich ahnt die ästhetische Avantgarde längst, warum das Herz der westlichen Metropolen, dort wo sich die Jungen und die Schönen tagsüber tummeln, in spiegelnder Glas-Architektur erstrahlt. Vielleicht soll der lichtdurchlässige Stil die Enge öffnen, wie das Echo im Gebirge Weite vortäuscht. Vielleicht aber diktiert auch die wachsende Sucht, sich selbst zu betrachten, die Architektur: ein heimliches Verlangen, das aus Flaneuren Selbst-Voyeure macht. Verstohlen suchen ihre Augen die Straßen nach Folien ab, die Selbstbilder zuwerfen könnten. Denn im Widerschein des anderen begegnen die Suchenden dem Selbst ihrer Träume. Ein Glück, daß nicht alle ob des gesichteten Geschöpfs zur Narzisse festwachsen wie der schöne griechische Jüngling, der sich in unbefriedigter Liebe zu seinem im Wasser erblickten Bild für ewige Zeit verzehrt.

Was sich en passant in den Metropolen spiegelt, hat der Zeitgeist den Phantasien und die Mode dem Bewußtsein eingegeben: ästhetisch, erotisch, in sich selbst verstrickt, nackte Haut, die wie Seide die Blöße kleidet, schimmernd über fehlerfreie Körper fließt. Mann oder Frau? Die perfekte Linie gibt wenig preis, obwohl sie nichts verbirgt, eine anonyme Rückenansicht eben, die eine wie der Entwurf der nächsten – voll erotischer Anspielungen und doch ohne sexuelle Aufforderung. Kleidermaskeraden vollenden die Doppeldeutigkeiten des Spiegelspiels: schwarze Schnürstiefelchen zu schwarzer Hose, weißes tief aufgeknöpftes Hemd mit imposanten Schulterpolstern unter schwarzer Weste, schwarz aufgerissene Augen in weißer Haut – erotisches Black-

and-White für Mann und Frau. Oder: Boots, lackglänzende Stretch-Hüfthosen, kurzes Top, dazwischen nackte Haut mit vielen Ketten – gestylte Sadomaso-Provokation für Mann und Frau. Hin und wieder bis zum Gesäß geschlitzte Röcke und Anzüge; zum weichen Rock rasurkurzer Schockhaarschnitt, zum Anzug Schmeichelei in schulterlanger Dauerwelle – Vexierbilder, die das Weibliche im Männlichen, das Männliche im Weiblichen aufleuchten lassen.

Die Körper spiegeln die androgyne Zeit. Bewertungen und Gefühle werden in einem riesigen Kommunikationssystem ausgehandelt, als ob die Glastempel Bilder und Meinungen aus Werbung und TV, aus der Wissenschaft, von Tagesschönen und Tageshelden in einer unendlichen Hin- und Rückspiegelung zu Leitmotiven verdichtet würden. Es entstehen Wirklichkeiten und Interpretationen. Die Leitbilder der Design-Ära sind ständig in Bewegung, verändern sich, sind selbst Mode und Moden unterworfen, zeitabhängig, nicht verläßlich, aber stets mit neuen Chancen lockend. In einer Zeit, die sich nicht mehr über Gegensätze interpretiert, in der die Ähnlichkeit der Geschlechter die festen Rollenrituale aufweicht, locken sie mit einer Orientierung und versprechen Identitäten gegen drohenden Selbstverlust in der Masse und eine Individualität in der Gleichheit. Darin liegt der magische Sog der neuen Leitbilder.

Immer seltener begleiten klar abgegrenzte, unerbittlich endgültige Selbstdefinitionen leitmotivisch ein ganzes Leben, die am Ende der Pubertät «zu irreversiblen Rollen und so zu Festlegungen ‹fürs Leben› führen… Jene endgültige Identität also, die am Ende der Adoleszenz ersteht,… ein einzigartiges und einigermaßen zusammenhängendes Ganzes…»[1]. Aus der Pubertät wächst kein monolithischer Persönlichkeitsblock mehr, der über die ganze Palette der Sexualität, der Wünsche, des Verhaltens endgültig entscheidet. Das in der Kindheit Erworbene paßt sich mehr denn je wechselnden Situationen und Rollen an, und seine Gesichter entwickeln sich in Außenspiegelungen.

So wie in Kindheit und Jugend nur ein Wissensgrundstock vermittelt wird, auf dem lebenslanges Lernen aufbaut, bleibt auch die geschlechtliche Identität nur als Kern unumstößlich. Diese «Kern-Geschlechtsidentität»[2] entwickelt sich in den ersten drei Lebensjahren aus dem biologischen Geschlecht und jenem, in dem sich das Kind durch die Augen der Eltern selber sieht. Damit wird männliches oder weibliches Verhalten mehr oder weniger vorstrukturiert, aber nicht vollständig ausgeformt. Die weitere Entwicklung, die letztlich auch über die Wahl des Liebesobjekts entscheidet, schließt in immer größeren Kreisen die Umwelt ein.

Die androgyne Zeit verlangt Flexibilität, in ihr scheint die strikte Trennung der Geschlechter aufgehoben. Die Einteilung der Welt in Gegensätze, in Licht und Schatten, Tag und Nacht, krank und gesund, männlich und weiblich, hat sich überholt. Die ehemals festgefügten, mit genauen Eigenschaften behafteten Geschlechterrollen wie Mutter/Ehefrau und Ernährer/Ehemann sind kaum noch geeignet, Selbstverständnis zu stiften. Die Zeit schreibt den Menschen das vielschichtig Veränderliche auf den Leib. Werte, die von der Polarisierung leben, geraten in Begründungsnot wie die monogame Hetero-Liebe. Ähnlichkeiten, und nicht mehr Gegensätze, werden betont.

Selbst die Natur mutiert, meint Elisabeth Badinter: «Wir haben die Machtverhältnisse innerhalb unserer Gesellschaft verändern wollen und nun sehen wir, daß unsere ‹Natur› sich ändert, zumindest nehmen wir Aspekte dieser Natur wahr, die uns bisher unbekannt waren... Die immer mehr zunehmenden Hinweise auf unsere bisexuelle Natur machen uns vollends ratlos. Wenn man von dem nicht zu beseitigenden Unterschied in den Chromosomen absieht, bleiben nur noch Unterscheidungen im Sinne von mehr oder weniger. Gewiß gibt es beim einen mehr männliche und beim anderen mehr weibliche Hormone, doch werden weibliche und männliche Hormone von beiden Geschlechtern produziert.»[3]

Spielt dann das biologische Geschlecht in der Sexualität noch eine Rolle? Wird Bisexualität, die sich «gleichberechtigt» beiden Geschlechtern zuwendet, das neue sexuelle Leitbild werden? Suchen die psychisch Androgynen tatsächlich Liebespartner in beiden Geschlechtern?

Das wäre eine Variation: Während bisher die strenge Definition der Bisexualität als Sehnsucht nach Mann und Frau gilt, heißt die androgyne Bisexualität schlicht Sehnsucht – egal ob nach Mann oder Frau. Jede Zeit hat ihre eigenen Gesten, ihre Haltungen, ihre Figuren und Gesichter, vermutete Charles Baudelaire. Und, kann hinzugefügt werden, ihren eigenen Ausdruck von Sexualität.

Wie die Sexualität gelebt wird und welchen Status sie genießt, wie sich der Körper ausdrückt und was ihn schmückt und wie das eigene Geschlecht erlebt wird, ändert sich. Der homo sapiens ist zunehmend auf seine Bewußtseinsleistung angewiesen. Das durch Lernen und Erfahrung «überfütterte» Großhirn übernimmt Funktionen, die einst instinktgesteuert waren. Wie ein unabhängiger Betrachter kann sich der Mensch selbst kontrollieren und sein Verhalten an äußeren Modellen ausrichten, die nach und nach an die Stelle verblassender innerer Notwendigkeiten treten. In dieser Weise entwirft sich das menschliche Geschlecht zunehmend selbst. Die Stilistik kompensiert Natur, und der homo sapiens entfaltet sich zum homo aestheticus. Auch Sexualität ist «Stilistik»[4] – weder körperliches noch seelisches Empfinden scheinen einfach aus sich selbst heraus real.

So wie die Bisexualität zunehmend ins Blickfeld tritt, stellte das Patriarchat die Männlichkeit und den Phallus in den Mittelpunkt. Auch Sigmund Freud. Er definierte die weibliche Sexualität auf der männlichen Folie. Weiblichkeit war verhinderte Männlichkeit: Nur die Entdeckung der unabänderlichen Tatsache, ein Wesen ohne Penis, ein Mangelwesen, zu sein, konnte das Mädchen zur weiblichen Rolle zwingen, mit der sich die Frau erst durch die Geburt eines Sohnes als «Penis-Statthalter» versöhnte. Diese weibliche Identitätsbestimmung gilt als überholt, doch sie zeigt, daß die gesellschaftliche Interpretation über die individuelle Wahrnehmung des Geschlechts entscheidet. In der Zeit vor der Aufklärung existierte das Weibliche nur als Abklatsch des Mannes. Das männliche «Ein-Geschlecht-Modell»[5] galt als biologische Basis. Selbst den weiblichen Idealmaßen wurde die apollonische Schönheit zugrunde gelegt, die weiblichen Geschlechtsorgane wurden als ins Innere gewendete männliche gedacht.

Im Patriarchat des 19. Jahrhunderts stieg die Frau zum unterprivilegierten Gegenstück des Mannes auf. Und immer zieht das Empfinden mit. Von einer anständigen Frau der Wilhelminischen Zeit beispielsweise wurde nicht erwartet, daß ihr die ehelichen Pflichten Freude bereiten – und entsprechend kühl ließ sie die Prozedur über sich ergehen. Das Patriarchat legte den Frauen Zügel an. Wenn schon Lust, dann sollte sie der biologischen Bestimmung der Frau entsprechen. So harmonisierte Freud das weibliche Fühlen mit naturwissenschaftlichen Fakten. Er verlegte, für einige Generationen richtungweisend, das primäre Lustzentrum der reifen Frau von der Klitoris zur Vagina, um den Orgasmus dem Fortpflanzungsmechanismus anzupassen. Doch der Triebfunke, der durch alle kulturellen Formen blitzt, widersetzt sich manchem Zähmungsversuch. Sexualität blieb und bleibt nie vollkommen kalkulierbar. Denn sexuelles Verhalten wird zwar kulturell geformt, doch es ist mehr als nur erlernt. Das Patriarchat schafft nicht die Heterosexualität, sondern unterdrückt andere Liebespraktiken.

Der Zeitgeist nimmt den Zündstoff des Triebes auf: eine Lust, die nichts Nützliches will, die sich allein dem l'art pour l'art ihrer selbst hingibt; eine Lust, die die Symbole der Selbststilisierung par excellence bietet. Alle dürfen scheinbar alles, solange sie bekennen, was sie wollen. Sadomasochisten rühmen sich beflissen ihrer inszenierten und damit beherrschten Gewalt. SM gilt als Geheimtip und der sexuelle Urknall als Trend. In Wirklichkeit leuchten diese Praktiken die «dunklen Seiten der Lust pur» grell aus, womit untergeht, was sie versprechen: das Dunkle und Mysteriöse und Gewaltige. Fast scheint es, daß die Sexualität der freien Aggressionen völlig entkleidet werden soll, indem propagiert wird, was angst macht. Kollektiv kontrolliert, hat das Eruptive der Sexualität kaum eine Chance.

Erlischt in dieser artifiziellen Liebe der archaische Funke? Kaschiert die allgegenwärtige Sexualität, daß sie auf verlorenem Posten steht? Oder versucht sie ein letztes, gewaltiges Comeback, um in einem selbstzerstörenden «Orgasmus des Ich» zu implodieren? «Vielleicht ist es kein Zufall», meint die Psychoanalytikerin Francesca Molfino, «daß dieser Ausdruck (Orgasmus des Ich) manchmal benutzt wird, um den ‹flash›, den aufblitzenden, rauschhaften Schauer des Heroinsüchtigen, zu beschreiben – und daß immer mehr Untersuchungen über den Schwund des sexuellen Begehrens durchgeführt werden…»[6]

Möglich, daß auf der permanenten Jagd nach immer neuen Lustformen die Liebenden zu androgynen Zwillingstürmen erstarren wie die gläsernen Twin Towers in New York: identisch, sich gegenseitig spiegelnd und doch ohne Hoffnung, sich jemals zu vereinen. Oder, was Elisabeth Badinter in der «androgynen Revolution» aufgehen sieht: die geschwisterlich sex-abstinente Welt, in der das Leiden schaffende Verlangen dem Zusammenleben unter Gleichen und Gleichgesinnten weicht. «Unser sich wandelndes Herz strebt nicht mehr nach den Qualen des Begehrens. Fast könnte man sagen, daß es damit nichts anzufangen weiß. Unter dem Leitbild der Ähnlichkeit kommt das Begehren abhanden.»[7]

Noch ist der Funke des Fleisches nicht erloschen und die Sehnsucht nicht perdu. Sexualität lebt und lebte wohl nie archaisch, auch wenn sich die ästhetisierte Welt so gerne am Primitiven als dem ursprünglich Wahren delektiert. Primitive Stammesgesellschaften regeln die Sexualität und polarisieren die Ordnung der Geschlechter häufig besonders kraß. Penisvorhaut und Klitoris werden beschnitten, da sie an das Gegengeschlechtliche erinnern. Mit dem Akt der Beschneidung kann die Schattenseite den Körper verlassen, der nach dem Eingriff eindeutig weiblich oder männlich ist.[8] Eindeutigkeit strukturiert und ordnet die Gemeinschaft, gibt Sicherheit und regelt das Verhalten.

Vielleicht hat sich die gegenwärtige zeitgemäße Bisexualität mit der androgynen Zeit schlichtweg noch nicht arrangiert. Androgynie muß nicht bisexuelles Verhalten bedeuten, aber Bisexualität hat immer einen androgynen Untergrund. Die androgyne Zeit ist die Chance, Polarisierungen zu durchbrechen und den Liebesradius tatsächlich auszudehnen. Sie ist der Humus, auf dem die Bisexualität wachsen kann.

Das unendliche Angebot an Bildern, die eine Fülle von Identitätsspuren hinterlassen, könnte auch der Sexualität die Richtung weisen, das lebendig Ambivalente der androgynen Zeit zu verwirklichen, der Sehnsucht zwei Seiten zu öffnen. Gleich einem Talent, das man nutzen kann oder nicht, erweitert Bisexualität die Sinne, ermöglicht ein größeres Spektrum der Kreativität, der Intuition und der Sexualität.

# Lebensentwürfe

Jede fünfte Frau und jeder dritte Mann träumen von Sex zu dritt. Doch nur wenige davon betrachten sich selbst als bisexuell. Die große Mehrheit der bisexuellen Frauen lebt monogam. Bisexuelle Männer sind emotional eher von Frauen, sexuell eher von anderen Männern abhängig. Frauen können besser mit ihrer bisexuellen Neigung umgehen als die Männer. Soweit einige Statistik.

Die bisexuelle Wirklichkeit dagegen enthüllen, wenigstens in Facetten, die Lebensgeschichten selbst.

## Erotisch

Schon morgens auf der Plaza in Kastilien entgleitet Ines sanft die Realität. Sie sitzt mit einer Zeitung an einem Tischchen vor der Kaffeebar, «wie einer von ihnen», denkt sie unvermutet. Die anderen sind fünf Männer, alle mit einer Zeitung als Tarnobjekt. Heimlich verfolgen sie das Treiben der Frauen, die nach und nach auf beiden Seiten des Platzes ihre kleinen Läden öffnen, Gemüsestände auffüllen, Ansichtskarten, Sonnenbrillen, Crèmes, Madonnen und Kruzifixe ordnen. Hastet eine junge Frau quer über den Platz zum Bus, senken sich die Zeitungen um Augenbreite. Ines macht mit bei dem Gesellschaftsspiel – auf der Beobachter-Seite.

Die Spanierinnen scheinen nicht beeindruckt vom Bewußtsein, daß die Straße ein unendlicher Laufsteg für sie ist, zu lange schon haftet es in ihren Köpfen, ihren Körpern fest, und zu lange stärkt sich ihr Selbstbewußtsein an diesem Flirt. So geht keine Seite leer aus. Sie machen aus dem simplen Spurt zur Arbeit einen aphrodisierenden Auftritt aus Verlockung, Abwehr und einer Andeutung erfrischend ordinärer Koketterie. Auf nüchternen Magen färbt die Mixtur den Tag erotisch ein.

An diesem Morgen erwischt es nun auch Ines. Das konnte nur passieren, stellt sie etwas unbehaglich fest, weil sie allein ist. Als sie aus dem Hotelzimmer schlich, schlief ihr Freund noch fest – ein wirklich netter Robert-Redford-Typ. Sie beneidet seine unverbrüchliche Eindimensionalität. Er hätte das keimende Tohuwabohu ihres Inneren sediert, aber sie hat keinen Bedarf nach seiner auf die Dreißig zugehenden Abgeklärtheit. Sie ist 23 Jahre alt und auf Spurensuche nach der Kindheit ihrer Mutter, die im selben Alter, frisch verheiratet, von Kastilien nach Deutschland zog. Der Großvater war damals einziger Anwalt im Umkreis. Es verdroß ihn, als seine Tochter während der Ausbildung in Madrid einen ausländischen Ingenieur aufgabelte. Natürlich hielt der Künftige ordentlich um die Hand der Angebeteten an, trotzdem war er nicht Schwiegervaters Erste Wahl, vor allem war er nicht katholisch. Das mochte auch der Priester nicht und auch nicht der Bürgermeister, Vater eines heiratsfähigen, aber nicht sehr agilen Sohnes.

Ines bewundert ihre Mutter. In ihrer Kindheit konnte sie nicht genug von den revolutionären Taten ihrer Mutter hören, die detailreich ihren Weg der Befreiung von Traditionen schildern konnte: die Mutter ging allein ins Kino, verweigerte den wertvollen Puppen, die ihr irgendwelche Tanten schenkten, ihre Liebe, las sich statt dessen durch Vaters Bibliothek und erklärte, daß sie Medizin studieren werde. Wahrscheinlich hat sie bereits im Kindergarten nur Doktorspiele mitgemacht, wenn sie der Arzt sein durfte. Doch Mutters Geschichten richteten sich nicht eigentlich an Ines, sondern an ihren kleinen Bruder. Ihm galt das meiste, was sie zu geben hatte, auch das seidig schwarze Haar und der blasse, feste Teint gehörten ihm, dazu die blauen Augen seines Vaters.

Gegen diesen sinnlichen Bruder erlebte sich Ines wie ein bläßlich ungeformter Kloß. Ihr Vater lachte gutmütig, wenn sie sich so nannte. Denn Ines war das genaue Gegenteil ihres Selbstbildes: groß und feingliedrig, und im Sommer tönte sich die Haut matt goldbraun. Aber sie wußte es besser. Sie war ernst und vernünftig und stets bemüht, ihre sensible Mutter nicht zu verletzen. Das Ergebnis blieb deprimierend – Ines war nett, und ihr scheußlicher Bruder erzeterte und erschmollte sich, was sie ersehnte, Mutters exklusive Liebe. Ines schmollte nie, wahrscheinlich fürchtete sie, daß es keiner merkte.

Ab und zu tauchen auch andere Augenblicke in ihren Erinnerungen auf, periphere Erlebnisse scheinbar, aber voller Zärtlichkeit. Es fällt Ines schwer, ihre Gedanken an diese Episoden festzuhalten, die romanhaft irreal ihr Bewußtsein streifen. Beispielsweise jene Zeit, in der ihr Vater im Spital war und sie in seinem Bett schlafen durfte, im Doppelbett mit ihrer Mutter. Eisern blieb sie damals wach, bis ihre Mutter kam, damit sie sich wie zufällig im Schlaf an sie schmiegen konnte. Dann legte ihre Mutter den Arm um Ines und streichelte sie warm und weich. Eine wonnige Ohnmacht kippte sie in Schlaf. Sie haßte ihren Vater dafür, daß er wiederkam.

Alle ihre Freundinnen verehrten damals ihre Väter, nur auf ihre Mütter zielten die dolchspitzen Worte, die junge Mädchen für Konkurrentinnen übrig haben. Daß Ines von diesem Schema abwich, verunsicherte sie etwas. Mit der Pubertät verschwanden auch sämtliche Gefühle für ihren Vater.

Ihr Vater gefiel sich in der Rolle, als guter Vater zu gelten. Er hatte nicht das Zeug zum Helden, und sein Gutenachtkuß war seltsam feucht und klebrig und roch nach altem Käse. Als Kind glaubte Ines, daß die Mägen alter Männer löchrig und zerfressen seien. Ihre Mutter aber duftete, sie war immer jung, immer elegant, immer perfekt frisiert und trotzdem ganz Rebellin. Sie gehörte dennoch nicht in den feuchtfrischen Norden, der die Frauen in einem Zustand visueller Unschuld konservierte. Sie war eine «Wissende», sie war sich bewußt, daß sie immer irgendwelche Blicke trafen, gute, schlechte, abschätzende, begehrende. Daß die Geschlechter jemals ihren Frieden machen könnten, fand sie lächerlich. Vor allem nicht mit Sex. Den galt es, mit dem ganzen Zauber der Mimikry zu beherrschen, Naivität war tödlich.

Die Erinnerungen überschwemmen Ines und vermengen sich mit den Bildern dieses Morgens. Sie hält ihnen nicht mehr stand, sie will sie verscheuchen und doch irgendwie, möglicherweise nur aus Pietät, festhalten. So zieht sie los, wie üblich mit ihrem Fotoapparat, mit dem sich alles sezieren und gleichzeitig auf Distanz halten läßt.

Durch den Sucher entdeckt sie die junge Frau, von der sie wenig später weiß, daß sie Anna heißt. Anna sitzt in einem Straßencafé und schreibt einen Brief. Sie sieht nicht sehr spanisch aus, dafür der junge Mann, der sie von der linken Seite her bequatscht. Ab und zu lächelt sie, scheinbar verlegen, nickt kaum erkennbar mit geneigtem Kopf und schreibt weiter. Ines interpretiert das Verhalten als hilflose Schüchternheit – und ist verärgert. Wie kann der Macho diese junge (war es eine schöne?) Frau belästigen! Ohne nachzudenken, setzt sich Ines an den Tisch, der rechts neben Anna steht. Als sie den Stuhl zurechtrückt, schaut Anna auf, und sie tauschen kurz ein Lächeln. Der Typ läßt sich nicht beirren. Ines spürt, daß Wut in ihr hochsteigt. Und schon legt er seine Hand auf Annas Arm und rückt ihr so nahe, daß bestimmt sein Mundgeruch ihre Nase streift. Unwillkürlich ergießt Ines eine Schimpfsuada über ihn, Anna schmunzelt, und er tritt perplex ab. Danach fühlt sich Ines ziemlich dumm, hätte sie ihren Kaffee nicht bezahlen müssen, wäre sie geflohen. Sie murmelt Anna eine Entschuldigung zu, die mit starkem englischem Akzent beteuert, daß ihr die Szene gefallen habe.

Nach einem weiteren Kaffee und zwei «Fino» kann auch Ines über ihren Ausbruch lachen. Anna ist weder schüchtern noch hilflos, sie verwandelt die Peinlichkeit in ein vergnügliches happening und scheut sich nicht, Ines zu umarmen, um sich für den «mutigen Einsatz» ironisch zu bedanken. Dann liegen sich die beiden wieder lachend in den Armen, denn Anna hat den Einfall, durchzuspielen, welche Schritte der Typ wohl als nächstes unternommen hätte. Es wird immer enger zwischen den beiden Frauen. Ines hat noch nie mit einer anderen Frau als ihrer Mutter in so kurzer Zeit soviel körperliche Berührungen ausgetauscht.

Abends landen die beiden eingehakt und übermütig im Restaurant, das Ines' Freund als sein Stammlokal betrachtet. Er ist auch heute abend da. Auf ihre neue Freundin reagiert er unerwartet, obwohl Ines nicht richtig weiß, was sie denn erwartet hat. Eifersucht? Trauer? Sehnsucht? Oder seinen Rückzug? Möglicherweise wollte sie nur ihr heiteres Glück demonstrieren – denn sie fühlt sich glücklich –, so wie sich eben Liebe gerne offenbart.

Es muß Liebe sein, das erfaßt Ines' Freund sehr schnell. Auch er kann seine Augen nicht mehr von Anna lassen, die durch ihr wohliges Lachen, ihre runden Bewegungen, ihren leichten Silberblick, die Art, den Kopf etwas schief zu halten, wenn sie ernst genommen werden will, eine erotische Aura verbreitet. Ines ist erleichtert, daß das Fieber auch ihren Freund ergreift, gleichzeitig beunruhigt sie seine Erregung. Offensichtlich gehört er doch nicht ganz zur Sorte Mann, dem man die eigene Freundin anvertrauen kann. Noch beunruhigender ist, daß er sich nicht mehr als Sedativum anbietet und nicht mehr als Normalität, die vor den eigenen abweichenden Empfindungen schützt.

Der Abend soll mit der letzten Flasche Wein im Hotelzimmer beendet werden. Doch Anna bleibt und versucht, Ines zu sich aufs Bett zu locken. Das ist zuviel, Ines flüchtet. Sie kann sich nicht einfach ihr Vergnügen holen, ihr unglaubliches Verlangen nach Anna stillen. Sie schämt sich und weiß nicht, wofür oder vor wem. Vielleicht fürchtet sie, daß ihr Freund als heterosexuelles Alibi nicht ausreichen könnte, ihre lesbische Neigung zu neutralisieren. Was sie aber wirklich plagt, kann sie nicht richtig fassen; vielleicht ahnt sie, daß ihre Mutter eine aktive Rolle dabei spielt.

Wie ein befreites Bild, das aus dem Rahmen tritt und leben will, löst sich ihre Mutter von der Imagination. Ines ist unversehens in ihre eigene Science-fiction-Geschichte geraten. Die großartige Fiktion ihrer Mutter, ein imaginäres Raster, durch das sie ihre wirkliche Mutter wahrnimmt, hat in Anna Gestalt angenommen wie ein reales Phantom, das sich just jene Wünsche erfüllen will, die Ines' Sehnsucht schüren, und sie auf die Spurensuche nach Kastilien hetzten.

Ines' Verlangen nach ihrer idealisierten Mutter wird in der

konservativen Psychoanalyse als nicht gelungene Hinwendung zum Mann gedeutet. Der Junge kann seine Liebe nahtlos von der Mutter auf die Geliebte übertragen, da sie beide dasselbe Geschlecht besitzen. «Anders für das kleine Mädchen. Sein erstes Objekt war doch auch die Mutter; wie findet sie den Weg zum Vater?» fragt Sigmund Freud. Er muß aber eingestehen, daß er «die Zeitdauer dieser Mutterbindung stark unterschätzt» hatte. «Ja, man mußte die Möglichkeit gelten lassen, daß eine Anzahl von weiblichen Wesen in der ursprünglichen Mutterbindung steckenbleibt und es niemals zu einer richtigen Wendung zum Manne bringt.» Der späten innigen Mutter-Tochter-Beziehung mischt Freud unübersehbar jenes neurotische Liebes- und Anlehnungs-Bedürfnis bei, das der symbiotischen Mutterliebe nacheifert und gemeinhin als homosexuelle Komponente gilt.

Die Beziehung zur Mutter, vielmehr die Art, wie die Beziehung wahrgenommen wird, hat für die Sexualität immer auf irgendeine Weise Modellcharakter. Sie gleicht einem Ariadnefaden im Labyrinth der breit angelegten sexuellen Möglichkeiten, der sich an Wegkreuzungen mit anderen Fäden unvorhersehbar verknotet.

Anfang und Ziel des Ariadnefadens, der Ines nach Spanien und zum Ort ihrer unbewußten Sehnsucht führte, liegen in den nur flüchtig erinnerten Kindheitsepisoden, den inzestuösen Imaginationen mit ihrer Mutter. Ihre Libido wurde in diesem tabuisierten Muster festgeschrieben und wirkt nun wie eine Struktur des Verhaltens. Nur vordergründig suchte Ines in Kastilien nach dem mütterlichen Vorbild, jener sich emanzipierenden jungen Frau, die entschlossen aus ihrem vorbestimmten Provinz-Leben in die große Welt ausbrach. An diesem Tag, in ihrer erwartungsvollen Stimmung, entdeckte Ines in Anna ein Liebesobjekt, das eine unbestimmte Ahnung ihrer eigentlichen Liebe weckte: die phantasierte Beziehung zu ihrer Mutter. Deshalb erschrak sie. Was Anna wollte, mußte sie als «Inzest» empfinden.

Sie ahnte, daß sich Annas Wünsche mit ihren überlappten. Sie brauchte Abstand, mußte aus der Achterbahn von Alkohol, Erinnerungen, Ahnungen, Stimmungen und Erotik aussteigen. Als sie ins Hotelzimmer zurückkehrte, war sie sicher: keine neue Fahrt, morgen ist alles vergessen. Ihr Freund schlief (oder stellte sich schlafend). Fast war sie enttäuscht, vor allem aber war sie wütend auf ihn, der dalag, als ob ihm alles gehört, «wie ein Patriarch». Er stellte selbstverständlich sexuelle Ansprüche, auch an Anna. Seine Anwesenheit hatte Ines zusätzlich beunruhigt wie die Anwesenheit jenes Rivalen, der sie auf offener Szene besiegen wird – eine Irritation aus ihrer Kindheit, als sie den Vater als übermächtigen Rivalen um die Mutter phantasierte.

Der nächste Tag war vorprogrammiert, schließlich sind Ines und ihr Freund tolerant und können die Dinge intellektuell durchdringen. Beide halten nicht viel von Psychologie, aber sie psychologisieren alles. Ein rituelles Gerede von «Beziehungsarbeit», «Triebblockaden», «Verführerin», «Beziehungsfrust» hob an und mutierte das Fast-Abenteuer zu einem Experiment.

Bis zum übernächsten Tag. Da zog Ines los und suchte Anna im ganzen Ort. Es dauerte zwei weitere Tage, bis sie sie traf, im selben Café wie beim erstenmal. Sie sagten nicht viel und gingen zu ihr. Ines blieb eine Woche länger in Spanien als ihr Freund. Er mochte die Entscheidung nicht, aber sie blieb hart. Anna, eine unkonventionelle Meeresbiologin, hatte etwas in Ines zum Klingen gebracht. Aber den Entschluß, mit ihr eine Freundschaft zu beginnen, hatte sie bewußt getroffen. Nachdem sie das erste Mal mit Anna zusammen war, verblaßte die Vergangenheit, und alles schien völlig selbstverständlich.

Das war vor einem Jahr. Anna, die Amerikanerin, flog wieder nach Boston zurück, schrieb regelmäßig. Fast jede Woche erzählten sie sich von ihrer Arbeit, ihren Freunden, wie sie sich fühlen, was sie sonst so treiben. Erwähnte eine ausführlich ihre Freundschaften, legte die andere noch etwas zu. Etwas Eifersucht war dabei, und doch nicht so ernsthaft. In diesem einen Jahr lernten sie sich kennen wie andere nur in Jahren. Wenn Ines eine Woche keinen Brief erhält, wird sie nervös, fühlt sich im Stich gelassen. Die Enge zwischen ihnen erschreckt sie, aber sie kann sie auch genießen. Nun kommt Anna wieder nach Europa. Gemeinsam wollen sie durch Skandinavien fahren, zwei Wochen zu dritt mit Ines' Freund, zwei Wochen allein. Ines hatte nicht den Mut, ihrem Freund die Bitte abzuschlagen – aus Selbstschutz, weil sie ihn nicht verlieren wollte, weil sie nicht einsah, warum das nicht möglich sein sollte. Und weil sie sich vor der legeren Ungebundenheit von Anna irgendwie doch fürchtet. In der einjährigen Freundschaft wuchs in Ines, quasi gegen ihren Willen, eine starke psychische Bindung, deren sexuelles Gegenstück ihr unheimlich erscheint.

# *Umorientiert*

«Bi-Männer gibt es nicht.» Achim sagt es leise, ein Seufzer über die unabänderliche Mühsal des Lebens. Er selbst hat heterosexuell gelebt, obwohl er immer Männer liebte. Den Widerspruch wollte er verdrängen, doch beharrlich verlangte eine innere Stimme nach Entscheidung. Irgendwann mußte er auf dieses stete Pochen reagieren. «Ich mußte bewußt wahrnehmen, daß ich schwul bin.»

19 Jahre dauerte dieser Entscheidungsprozeß, Jahre, in denen er versuchte, mit einer Frau über seine sexuellen Wünsche hinwegzuleben, obwohl er seit seinem 22. Lebensjahr fühlt, daß er der Homosexualität nicht entgehen kann. Immer wieder verliebte er sich in Männer, ohne sich jemals in eine sexuelle Beziehung einzulassen. Es gelang ihm nicht, neben der hetero- auch die homosexuelle Seite zu leben. Seine Lebensgefährtin wußte um seine doppelte Sehnsucht und schwieg. Beide wollten ihre tiefe Freundschaft nicht aufs Spiel setzen. Schließlich kapitulierten beide: die Frau wurde depressiv und mußte längere Zeit stationär behandelt werden. Achim entschloß sich, sein Schwulsein auszuleben. Die beiden trennten sich.

«Mit 43 ohne festen Partner auf schwul umzuschwenken ist anstrengend.» Und der Gewinn scheint vorerst nicht besonders grandios: «Ich lebe seitdem identisch mit mir selbst.» Aber nicht mit der Welt. Die sperrt sich, seine Neigung zu erfüllen. In der Schwulenszene seines Wohnorts fühlt er sich nicht behaglich; es ist etwas öde, mit kaltherzigem Gemache und Getue. Als Sex-Treff ist sie vielleicht ganz okay, aber Achim sucht vor allem eine

Liebe: «Ich bin beziehungssüchtig. Den platten Sex, womöglich schnell im Park, finde ich ekelhaft, wie ein Ritual, eine Angewohnheit ohne Sinn und Verstand. Wie unmäßige Schokoladenfresserei bei Streß. Aber in meinem Alter gibt es häufig nichts anderes. Gute Partner sind vergeben, wer sich in der Szene bewegt, hat oft nicht den besten Ruf, ist übriggeblieben und meist nicht bindungsfähig.» Achim sucht etwas anderes. Er glaubt an haltbare, tiefe Freundschaften, in denen Treue und Lebensperspektiven eine Rolle spielen. Er sucht nach Beziehungen, die eine Entwicklung haben, doch er findet Anfänge, Treffen, Sex, Wiederholung, Ende. Er hat hehre Lebensziele, doch das Schicksal verweigert die Erfüllung. Das bedeutet Melancholie: Trauer über verlorene Ideale.

Melancholie ist der Seufzer, der Achims Leben schattenhaft begleitet. Jedenfalls seit seinem 22. Lebensjahr. Damals lernte er die große Liebe seines Lebens kennen, einen 23jährigen Franzosen. Durch einen unglücklichen Zufall mußten sie sich trennen, ohne die Adresse des anderen zu kennen. Seitdem fühlt Achim sich in seiner Lebendigkeit gedämpft. Angst, Wut und Liebe, die ihn davor noch heftig schüttelten, sind mehr und mehr von einem Watteschleier eingehüllt.

Angst beherrschte seine Kindheit. Seine Mutter war jähzornig und sein älterer Bruder aggressiv, sogar brutal, weil er gnadenlos erzogen worden ist. Ein Horoskop, das die Mutter während der ersten Schwangerschaft machen ließ, prophezeite ihr ein «schwieriges Kind». Die Folgen waren fatal. Um das Schicksal zu überlisten, versuchte sie, dieses Kind zu einem Musterknaben zu dressieren – und erzog ihn zum schwierigen Kind. Achim fühlte sich von seinem Bruder abgestoßen, aber auch erregt: «Manchmal denke ich, daß ich ständig nach einem besseren, einem idealen Bruder suche, einem wilden Draufgänger, der mich dennoch nicht schreckt und drangsaliert.»

Achim spürte, daß sich die Mutter nur mit seinem Bruder auseinandersetzte. Für ihn blieben keine Emotionen übrig. Er flüchtete in Größenphantasien, kompensierte die Vernachlässigung durch seine Eltern, indem er den Spieß umdrehte: Er zog sich zurück in eine «splendid isolation». Der Vater war zu den Kindern immer freundlich, selbst zu seinem schwierigen Sohn. Achim idealisierte seinen Vater. Dieses Bild implodierte, als Achim merkte, daß sein Vater zu Hause nur ein Abziehbild eines guten Kaufmanns war.

Als Sohn des wohlhabenden, katholischen und konservativen Metzgers in einem niederbayerischen Dorf durfte Achim Meßdiener sein. In diesem frommen Rock machte er die ersten homoerotischen Erfahrungen. Während der Realschulzeit, mit 15, wurden Achims Gefühle tiefer. Er verliebte sich in einen gleichaltrigen Jungen. Ihre Liebesspiele waren pubertär, das übliche Vergleichen der Penislänge, gemeinsames und gegenseitiges Onanieren. In dieser Phase spielten auch Mädchenfreundschaften und -liebeleien eine wichtige Rolle.

Dann trat in Frankreich die große Liebe in sein Leben. Ein Fixpunkt ohne Datum, eine Erinnerung, die Gegenwart bleibt wie eine Amputation, die einen ständigen Phantomschmerz hinterläßt. Auf den Verlust konnte er nur kopflos reagieren. Er überredete eine Frau, mit ihm zusammenzuziehen. Sie übernahm die Rolle der Ersatzmutter, des Schutzwalls gegen weitere Kränkungen, gegen männliche Geliebte. «Für mich stand damals fest: Ich werde mich nie wieder so verlieben.» Eine Feststellung und ein Versprechen. Jahrelang lebte er monogam mit seiner Partnerin. Trotzdem gingen die Gefühle ständig fremd, leise, kaum wahrnehmbar, hinter einer spanischen Wand und immer zu Männern. Die Jahre waren grau. Nur sein Beruf als Zeichner machte ihm noch Spaß.

Auch die entscheidende Wende änderte nichts an seiner Melancholie. Paradoxerweise verweigern sich nun, seitdem er sich zu seiner Homosexualität bekennt, die Männer. Achims bester Freund ist heterosexuell. Er läßt körperliche Schmeicheleien und etwas Händchenhalten zu, selbst einen Knutschfleck hat er sich von Achim eingehandelt. Doch die Reaktion «reichte nur bis zur Kniekehle – von den Füßen aufwärts». Achims Freund fühlt nicht weiter und will nicht mehr. Seine Genitalzone ist für Achim absolut tabu, eine für Schwule besonders kränkende Verweigerung, ist doch der Penis ihr eigentliches Wunschobjekt.

Ähnlich reagiert ein anderer Freund, der Achim emotional auffing, als er sich von seiner Partnerin trennte. «Wir haben nackten Körperkontakt, ohne Unterleib, fast pervers. Er macht mich ständig an, ist dabei sogar kokett, aber dauernd vögelt er mit Frauen, nie mit mir.» Ist dieses Paradoxon Zufall? Warum boten sich die Chancen freizügig, solange Achim sich der homosexuellen Liebe verweigerte? Und warum trifft er jetzt auf Männer, die sich ihm entziehen? Spiegeln die Freunde seine eigene Angst? Fürchtet er nach wie vor die homosexuelle Liebe, ihre gesellschaftliche Ächtung oder ihre tödliche Demütigung, wenn sie ihn enttäuscht? Hat er in 20 heterosexuellen Jahren die homosexuelle Liebe so idealisiert, daß er sich die reale Probe gar nicht leisten kann? Oder mißtraut er doch seinen eigenen Gefühlen?

Vielleicht verweigern sich die Freunde, weil Achims Melancholie, die das Verlorene – von der Jugendliebe in Frankreich bis zu seiner Freundin – in der Seele wachhält, als Widerstand gedeutet wird. Praktisch scheint in dieser mit unvergessenen Liebesobjekten voll besetzten Seele kaum noch Raum für neue Lieben.

Möglicherweise erklären all diese Gründe im Zusammenwirken Achims bedrückende Lage; eine einzige Antwort jedenfalls greift gewiß zu kurz. Auch die jahrzehntelang gelebte Heterosexualität wird unauslöschliche Markierungen hinterlassen haben, womöglich tiefere, als Achim es sich eingestehen mag. Vielleicht stirbt seine homosexuelle Lust, wenn sie allein, ohne weiblichen Schutz, agieren soll. Vielleicht begehrt er seinen «Bruder» nur, solange seine «Mutter» ihn beschützt. Doch Achims Umorientierung hat eine viel zu lange und entbehrungsreiche Geschichte, um auch nur den Hauch eines Zweifels daran zuzulassen, daß sie richtig ist. Die Melancholie des Daseins kann er nur ertragen mit der Sicherheit, daß seine Entscheidung richtig und notwendig war.

Alles Vieldeutige lädiert männliches Selbstbewußtsein – jedenfalls fällt es Männern schwerer als Frauen, mit einer schillernden sexuellen Orientierung, vielleicht mit Ambivalenzen überhaupt, zu leben. Männliche Tugenden sind eindeutig, tat- und häufig gar im Wortsinn schlagkräftig. Ein Mann sagt ja oder nein; nur Frauen, so ein verbreitetes männliches Vorurteil, sagen Nein und meinen Ja, und nur Frauen können bisexuell sein.

Die Hürden, die ein Mann nehmen muß, um dem Idealbild des heterosexuellen Mannes zu entsprechen, sind sehr hoch. Eine Hürde hat Stoller beschrieben. Er entdeckte, daß, anders als Sigmund Freud meinte, der kleine Junge größere Probleme hat, sein Mannsein anzunehmen, als das Mädchen sein Frausein. Der Junge will gleich sein wie seine Mutter, um mit ihr symbiotisch zu verschmelzen. «Es stimmt zwar, daß das erste Liebesobjekt des kleinen Knaben die Mutter ist; es gibt jedoch eine frühere Phase, in der er eins mit ihr ist, bevor sie als von ihm getrennte Person für ihn existiert, d. h. er nimmt seinen eigenen Körper und seine eigene Psyche noch nicht als getrennt von der Mutter wahr – und sie ist ja eine weibliche Person mit einer weiblichen Geschlechtsidentität.»[1] Es ist also möglich, daß sich der Knabe von «seinem» weiblichen Körper trennen muß, um zu seiner Männlichkeit zu finden. Stollers Ansicht wird von Ethnologen unterstützt, die Kulturen entdeckten, in denen Männer offen zeigen, daß sie Frauen sein möchten.[2]

Vielleicht sind die Männlichkeitsrituale so rigoros – auch in «primitiven» Gemeinschaften, die noch durch die Geschlechter geordnet sind –, damit die Erinnerung an dieses ersehnte Frausein endgültig untergeht. Denn die aktive Rolle, die dem Mann in der Sexualität zugewiesen wird, macht ihn zum wichtigeren, handelnden Teil, dessen Kraft nicht durch Zweideutigkeiten gehemmt sein darf. Im hiesigen Wertesystem ist Eindeutigkeit bei Männern ein Ideal, das selbst die aufgeweichten Sex-Fronten überlebt hat – wie ein Ritual, dessen Sinn niemand mehr kennt. Selbst die Schwulen konnten ihren Kampf um Anerkennung nur gewinnen, weil sie dem sturen Männlichkeitsbild eine eindeutig «schwule Identität» entgegensetzten.

Die eindimensionale Virilitätsvorstellung erklärt Bisexualität zum Nichts. Droht doch das scheinbar Schwankende, Ambivalente dieser sexuellen Doppelgleisigkeit die männliche Geschlechtsidentität zu einem schwankenden, ambivalenten Selbstbild aufzuweichen. Bestenfalls gilt Bisexualität unter Männern, die vom Männlichkeitswahn blessiert sind, als unreifes Durchgangsstadium, das an die narzißtische Krise der Pubertät erinnert. In dieser Zeit wird alles ambivalent wahrgenommen. Das verletzliche und durch die Frustrationen der Erwachsenenwelt bereits verletzte Ich pendelt zwischen Wut und Depression, zwischen Größenphantasien und Angst vor Selbstverlust. Auf der Suche nach einer Geschlechtsidentität wird der Phallus für den Jungen zum wichtigsten Sexsymbol, weil es das eindeutigste und aggressivste Merkmal der Männlichkeit ist.

Mit der phallischen Wunderwaffe erobert sich der Junge seine Männlichkeit, wenn es nicht anders geht, auch über Gewalt gegen Frauen, gegen Jüngere, gegen Fremde. Alles, was er in sich abtöten will, das Weibliche, das Kindliche, das beängstigend Fremde, alles Nicht-Männliche, bekämpft er an der Außenwelt, um es dort stellvertretend zu besiegen. Bei diesem schwierigen Einsatz soll alles Ambivalente auf der Strecke bleiben, damit nie wieder die Versuchung lockt, nostalgisch auf verlorene Möglichkeiten und unterdrückte Seiten zurückzublenden.

Dieser gebeutelte Kampfgenosse im Clinch mit sich selbst endet entweder als heterosexueller «Sieger» oder als homosexueller «Verlierer». Bisher. Auch deshalb ist Achim überzeugt, daß es keine Bi-Männer gibt. Die Vorstellung der männlichen Rolle ist so ausgeprägt, daß sie selbst die bisexuelle Neigung unterdrückt. In der kleinen Gemeinde, in der er aufwuchs, war das Geschlecht noch ein Ordnungs- und Bewertungsmaßstab wie in überschaubaren Gemeinschaften üblich. Die Generation nach Achim, die weniger starre Identitäten ausbildet und für die eine eindeutige Geschlechtsorientierung kein Dogma mehr ist, kann leichter den sexuellen Spielraum weiten.

Die «Erziehung zur Weiblichkeit» verläuft ambivalenter. Auf der einen Seite beschränkt sie die Freiheit der Frauen stark, auf der anderen fällt den Frauen die Weiblichkeit kampfloser in den gebärfähigen Schoß: ihre psychosexuelle Entwicklung ist weniger stark von Verdrängungen und Verleugnungen geprägt. So gelingt es denn Frauen auch häufiger, ihre homoerotische Seite auszuleben. Sie müssen nicht ständig gegen «vergessene» Erinnerungen ankämpfen. Frauen in der Lebensmitte, die auch dem Druck gesellschaftlicher Normen gelassener gegenüberstehen, nutzen diese Gabe öfter und wagen eine lesbische Freundschaft, manche, um eine enttäuschende Ehe zu kompensieren. [3]

Irma und Verena haben sich gefunden, als sie beide über 40 waren. Irma ist noch verheiratet und hat drei Kinder, die bereits berufstätig sind. Als die jüngste Tochter ins Gymnasium kam, verabschiedete sich der Mann aus dem Familienleben, segelte ein halbes Jahr an den Küsten Europas und Afrikas entlang und nahm danach eine Korrespondentenstelle im Fernen Osten an. «Trotz seiner Eremiten-Seele hat er ganz schön lange mit uns durchgehalten.» Irma ist ohne Groll, sein jetziges Leben möchte sie ohnehin nicht teilen. Sie will sich nicht von ihren Freunden trennen, nicht von den vielen kleinen Dingen, die sie hier genießen kann. Ihr Übergewicht trägt sie mit Würde und ohne Hungerkuren.

Verena verlor ihren Mann durch einen Unfall, als sie 31 Jahre alt war. Sie hätte gerne ein Kind gehabt, «aber als Vater eignete sich keiner meiner Freunde, und alleinerziehend wollte ich nicht werden». Sie redet wenig, lacht viel. Seit 13 Jahren arbeitet sie als Redaktionsassistentin im selben Verlag, in dem Irma Dokumentaristin ist. Zwei Jahre leben sie nun schon zusammen. Ihre Liaison ist am Arbeitsplatz bekannt, trotzdem flirtet Irma gerne mit Männern. «Manchmal geht sie ganz schön weit», findet Verena, die am liebsten monogam lebt. Bevor sie mit Irma zusammenzog, wohnte sie zwei Jahre mit einem Mann zusammen. Als Irma sich um sie bemühte, gab sie ihn auf. «Auch wenn ich ab und zu Lust auf eine Männerbekanntschaft habe, schaffe ich den Spagat rein psychisch nicht.»

Dieses Problem kennt Irma nicht. Sie ist temperamentvoller, sinnlicher; eine Männerbeziehung «so nebenher» will sie nicht ganz ausschließen. In ihrer Jugend hatte Irma zwei intensive Frauenfreundschaften, dann «nur noch ein paar Flirts, sonst nichts Lesbisches», bis sie sich vor vier Jahren um Verena bemühte. «Das war ein ziemliches Stück Arbeit, denn Verena hatte bis dahin nie mit einer Frau Zärtlichkeiten ausgetauscht, geschweige denn geschlafen.» Verena, obwohl ästhetisch fast vollkommen, schlank mit attraktiven Rundungen und einem ebenmäßigen Gesicht mit zarten Zügen, strahlt nichts Sinnliches aus. «Es reizte mich wahnsinnig, dieses Dornröschen zu Leben zu erwecken», gesteht Irma stolz. Offensichtlich glaubt sie, es geschafft zu haben.

Verena war erst nur erstaunt, daß eine Frau um sie warb. Trotzdem wehrte sie sich nicht dagegen. «Ich wartete einfach, ob mit mir etwas geschieht. Denn Irma war mir sehr sympathisch.» Dann klappte es, was Verena doch irritierte. «In meinem Alter!» Sie ist in guter Gesellschaft – das Phänomen ist bekannt und erstaunlich weit verbreitet. Der Sexualforscher Rolf Gindorf berichtet von über 60jährigen Frauen und Männern, die sich nach einem heterosexuellen Leben plötzlich in einen gleichgeschlechtlichen Partner verlieben. Der Vorteil dieser «reifen» Erweiterung der Sexualität: sie stehen dazu und können die neue Liebe auch genießen. Auch Irma und Verena haben sich nie versteckt und mußten auch nie um Anerkennung kämpfen. «Unseren Freunden und Bekannten schien die intensive Beziehung logisch und natürlich. Vielleicht weil wir selbst kein Geheimnis daraus machen.»

Im Augenblick ist auch Irma noch treu. Aber sie weiß selbst nicht so genau, was sein wird. Sie liebt Experimente. Ihren Mann lernte sie vor vielen Jahren auf einem Trip ins kalifornische Esalen kennen, einem Mekka der Gestaltpsychologie. Er machte eine Reportage über das Treiben in dieser offenen Gemeinschaft. Sie wollte eigentlich sich selber kennenlernen.

Den Weg zum eigenen Ich hat Irma erst wieder aufgenommen, als ihr Mann ausbrach. Exotische Kursangebote reizen sie besonders, und sie macht alles mit, was der Psychomarkt so bietet, vom Urschrei bis zur ganzheitlichen Lusterfahrung. Verena findet Irmas Lustpotential «völlig ausreichend». Auf Irmas «Orgasmuskurse» reagiert sie säuerlich. Doch Irma genießt es, ihre Lustmöglichkeiten zu steigern. «Wenn Frauen aus der Kinderhegephase auftauchen, sind sie besonders erlebnisfreudig und auch erlebnisfähig», lautet ihre Lebensphilosophie.

Viele dieser Frauen fühlen sich tatsächlich zu einem Neubeginn bereit. Wie ein Winterfell streifen sie die Weiblichkeitsrolle ab, die sie sich in ihrer Jugend so willig überzogen. Ältere Frauen hat die Lebenspraxis eher milde gegen sich selbst gestimmt. Sie können sich eine lesbische Liebe erlauben, ohne ihr Selbstbewußtsein als Frau zu gefährden.

Meist sind es junge Mädchen auf dem Weg zu ihrem Frausein, die konservative Rollenvorstellungen übernehmen. In der Suchphase brauchen sie die Sicherheit weiblicher Rollenklischees. Ein Generationswechsel wird aber auch hier schon spürbar: «Zwar siedeln sich die meisten jüngeren Frauen von heute zumindest zunächst einmal... in gleichgeschlechtlichen Beziehungen... an. Aber es gibt zunehmend auch Mädchen und Frauen, die beide Beziehungsformen normal finden; die selber ‹nicht ausschließen, irgendwann einmal eine lesbische... Beziehung› einzugehen; die sich die Optionen offenhalten wollen; die ‹nicht das Geschlecht, sondern den Charakter› wählen möchten... Das ist eine ganz neue Entwicklung, die mit dem Begriff ‹bisexuell›... nicht hinreichend zu beschreiben ist. Denn es geht ja um weit mehr als um Sexualität, es geht um die gesamten Vor- und Nachteile, die einem das eine oder das andere Geschlecht zu bieten hat.»[4]

Bei Männern wird, anders als bei Frauen, die sexuelle Neigung oft mit dem biologischen Geschlecht vermengt. Nicht selten werden Bi-Männer als «zwittrig» mißdeutet und Schwule als weiblich. Hier schimmert das Erbe durch, Natur mit Normalität gleichzusetzen. Natur aber mutiert ständig, gerade durch Abweichungen, denn nur «Fehler» sichern Evolution, absolute Normalität wäre ein Desaster. Natur kennt in diesem Sinne keine Normalität. «Normalität» ist eine Angstgeburt der Menschen auf der Suche nach einer Ordnung, die als Naturgesetz ausgegeben wird. Denn Natur scheint unumstößlich, eindeutig und auf das festgelegt, was der Mann aktiv garantieren soll: die Arterhaltung.

# Spiegelnd

Die junge Frau schmiegt ihre Wange zärtlich an das Baby wie eine Violonistin an das warme Holz der Geige. Mutter und Kind sind schön, in sich vertieft, ihre Körper eins. Die Mutter scheint im Kind vollendet. Wenn das Bild erklingen könnte, dann als kleine erotische Liebesmelodie auf einer Stradivari.

Die Szene ist ein Original, obwohl sie haargenau der millionenfachen Kopie aus der Werbung gleicht. Nackte Babies in Symbiose mit nackten Schönen, egal ob Mann oder Frau, werben für Designdessous genauso wie für Bier. Sublime Erotik verdrängt in den neunziger Jahren die abgestumpften Sex-Signale in Cover-Girl-Manier. Die sanften Werbebotschaften verströmen das Parfum absoluter und unvergänglicher Liebe gleich doppelt: das Kind wird geliebt und ist die Inkarnation des noch nicht Verletzten, des Androgynen, der höchsten Form der Liebe und des Bei-sich-Seins. Das Kind ist unbewußt eine Ganzheit, die sich der Erwachsene auf einer bewußteren Ebene wieder schaffen muß. Und es verkörpert die heile Welt unschuldiger Liebe.

Nur das Unbehagen, das von der zweiten jungen Frau am anderen Ende des weißen Sofas ausgeht, paßt nicht in die idyllische Welt der Werbung. Nelly, die junge Mutter, versucht, die offensichtliche Irritation ihrer Freundin zu überspielen. «Wir teilen alles außer meinem Mann», versichert sie mit einem flüchtigen Blick auf Yvonne, ihre Freundin, «Pullover, Abendkleider, Urlaub, Zärtlichkeiten.» Vor neun Jahren, als sie Schülerinnen am selben Gymnasium waren, begann die unzertrennliche Liebe. «Fast jeden Tag machten wir gemeinsam Schulaufgaben und danach immer auch etwas Neckisches. Einmal habe ich die Kelchgläser meiner Eltern geholt, und wir prüften gegenseitig, ob unsere Brüste hinein passen.» Nelly gluckst ein abgebrochenes Lachen, wie wenn sie die Erinnerung erregen würde. Nie schlossen sie die Tür bei diesen amourösen Spielchen ab und wurden trotzdem nie ertappt. «Meine Mutter mochte meine Freundin, weil sie schön und gepflegt ist.»

Unästhetische Menschen sind auch Nelly zutiefst zuwider. Es war Yvonnes makellose Erscheinung, die zu dieser Freundschaft führte. «Sie war die Schönste, die ich damals kannte.» Noch beim Reden bemerkt Nelly ihren Lapsus mit der Vergangenheitsform. Vor einem Jahr hätte Yvonne dagegen aufbegehrt, eine wortreiche Tragikomödie daraus gemacht, in der Nelly mit Lust mitgespielt hätte. Heute riskiert Yvonne nichts mehr. Wer garantiert ihr, daß Nelly aus dem Spiel nicht Ernst macht, einfach, weil sie die Hundeaugen ihrer Freundin verabscheut? Denn Nelly mag keine traurigen Gestalten; sie verderben die Stimmung.

Nelly ist verwöhnt und kann schamlos egozentrisch sein. Nie könnte Liebe sie blind machen, nie Liebe ihr diktieren, was schön ist. Sie stellt Ansprüche an ihre Umgebung, die eingelöst sein müssen, bevor ihre Gefühle reagieren. Manchmal zweifelt Yvonne an der Liebesfähigkeit ihrer Freundin, doch ihre eigene Leidenschaft läßt sich davon nicht irritieren. Yvonne mag, was sich einfachen Emotionen sperrt. Der Leichtigkeit, mit der in ihrer Kindheit oberflächliche Liebe verstreut wurde, widersetzt sie sich. Sie liebt Nelly. Manchmal wünscht sie sich sogar, daß Nelly ein paar Schwangerschaftsstreifen hat oder einen anderen Makel, damit sie ihr besser beweisen kann, daß sie sie liebt. Vielleicht wie Marcel Prousts Figur Swann, dem Odette gerade dann besonders teuer wurde, «als er sie sozusagen weniger anziehend fand».

Yvonne brennt darauf, ihrer Freundin Liebe zu beweisen. Nelly bemerkt es kaum oder hält es schlicht für selbstverständlich. Sie hat sich den «attraktivsten Mann» der Uni, einen Rechtswissenschaftler, geangelt, indem sie schwanger wurde, wie es heißt. Andere haben sich kaum an sie herangewagt, obwohl sie auf jeder Party einen Flirt ankurbelte. Aber es war nie abzusehen, was daraus wird. In ihrem Bekanntenkreis ist imagebildender Sex gefragt. Jede intime Investition muß einen Bonus für das Ich einbringen, Sex einen sekundären Nutzen haben. Den versprach Yvonne.

Yvonne gibt sich immer cool. Sie hat es geschafft, eine delphische Fama um sich zu verbreiten. Alle wissen, daß sie Nelly liebt, aber niemand so genau, wie denn. Fast alles, was über sie in Umlauf ist, hat sie selbst lanciert, auch die Fragezeichen rund um ihren wohlgeformten Körper. Sie weiß, wie man sich verkauft. Nicht umsonst ist sie bereits mit 28 Jahren Ressortleiterin in der Marktforschungs-Abteilung eines Verlags. Noch spielt sie mit Exzentrik, doch sie spürt und weiß, daß die Leute irgendwann genug davon haben. Dann müßte sie, um nicht zu beinhart und allzu bizarr die sensiblen Seelen zu strapazieren, ein... Kind bekommen. Die Eingebung bestürzt sie, sie fühlt sich ertappt bei einem No-name-Gedanken, einem Produkt ohne Markennamen oder vielmehr: einem Markenprodukt, das sie nicht tragen darf. Babies gehören zu Nelly. Derlei Assoziationen fühlt sie sich nicht gewachsen, lieber hält sie sich an Männer.

«Was nützt Dir eigentlich dein attraktiver Mann», zerschneidet Yvonne mit verkniffen leisem Tonfall ihre Hirngespinste. Eigentlich wollte sie Nelly fragen, warum sie ihm nicht erzählt, daß sie eine lesbische Liebe verbindet. Aber auch das scheint schon zuviel. Allein das kurze Zögern, bis sich Nelly entschließt, ihren Mann nicht zu verteidigen, entzieht Yvonne für Sekunden den Boden. Nicht weil Nelly ihren Mann nicht verteidigen dürfte, sondern weil Zögern ernsthaftes Abwägen bedeutet, vielleicht Vergleiche ziehen zwischen der Lust mit ihrem Mann und mit Yvonne. Bisher galt für die Freundinnen die Regel, daß alles gesagt werden darf, solange es nicht ihre Freundschaft blessiert. Yvonne hat nach und nach diese Sicherheits-Zeremonien in die

Beziehung eingeführt. Sie hält sich daran fest wie andere an ihrem Selbstbewußtsein, das ihnen bedingungslose elterliche Liebe mitgegeben hat.

Endlich erlöst Nelly ihre Freundin: «Im Bett ist er natürlich eine Niete», der Mann ohne Vor- und Nachspiel, der seine Bewegungen rationalisiert, um ein optimales «Preis-Leistungs-Verhältnis» – möglichst viel Orgasmus mit möglichst wenig Aufwand – zu bekommen. «Und hinterher fragt er auch noch, ob's gut gewesen sei.» Nelly bläst verächtlich die Backen auf.

Ihr Mann bietet sich als praktischer Prügelknabe an, den beide Frauen ungeschoren verbal vermöbeln dürfen. Die Ursache dieser Feindseligkeit aber ist er nicht. Zu gespannt bleiben Yvonnes Gesichtszüge, wenn Nelly ihren Mann zur Verleumdung freigibt. Als Person ist er für beide nur eine quantité négligeable, ein Bauer auf dem Schachbrett, nützlich als Verschiebeobjekt, aber ohne besonderes Gewicht.

«Frauen sind in der Liebe phantasievoller und geschickter», gibt sich Nelly erotisch, ein Selbstbild, das sie liebt und verbal zu beherrschen scheint. «Wir wissen, was uns Spaß macht, der Hautkontakt, das Streicheln und Umkreisen angenehm sensibler Stellen.» Während sie schwärmt, streicht sie unentwegt über Kopf und Körper ihres kleinen Mädchens. Die Erotica bleiben unterkühlt, lassen weder die Ohren glühen, noch bringen sie die Phantasie in Schwung. Eigentlich gehört die Laudatio nicht der Freundin, sondern ihr selbst oder ihrem Baby, was im Grunde das gleiche ist.

Wenn Nelly «wir» sagt, bleibt zumindest ungewiß, ob sie die Freundin oder das Baby meint. Sicher ist, daß das Kind einen Teil der Libido von Yvonne abgezogen hat: in beiden sucht Nelly nach sich selbst, beide dienen ihrer Selbsterhöhung, beide braucht sie, um sich selbst zu spüren. Sie wählt ihr Liebesobjekt «nach dem Vorbild ihrer eigenen Person», wie es im Jargon der Psychoanalyse heißt.

Beide, die Liebe zur Freundin und die Mutter-Kind-Liebe, haben eine starke narzißtische Komponente. Das Kind ist die eigentliche Rivalin von Yvonne, aber ein unschuldiges Wesen läßt sich nicht mit Eifersuchtsdramen überziehen. Das verbietet die weibliche Rolle. Also braucht Yvonne einen stellvertretenden Feind: den Vater. Er soll die auf das Baby fallenden Schatten auf sich ziehen. Ein Ritual gegen den bösen Blick, das die Mutter mit inszeniert. Seit sie das Baby hat, sind Nelly alle anderen Gefühle fast zu komplex. Sie könnte im Augenblick auch auf Sex verzichten, obwohl es ihr noch Spaß macht, nicht mehr ganz so wie vorher, aber immerhin.

Yvonne steht jäh auf. Als ob das kühle Licht an das kalte Kolorit ihres Elternhauses erinnert, in dem sich alle zwanghaft freundlich aus dem Weg gingen. Als familiäre Überfliegerin wußte sich ihre Mutter der kleinen und großen Sorgen der drei Kinder elegant zu entziehen. Sie ist eine gefragte Radiosprecherin und passionierte Partygängerin, immer beschäftigt, immer in Eile, immer freundlich, nichtssagend, kühl. Als Kind war Yvonne auf die vielen Kolleginnen und Kollegen, so deren offizielle Bezeichnung, ihrer Mutter böse. Der Vater bewunderte seine Frau und überließ die Kinder wechselnden Haushaltshilfen, bis Yvonne 14 war. Da versuchte er, sich auf unangenehme Weise an sie heranzumachen. Mehr als eine Ahnung seiner Absichten mag sie sich nicht eingestehen. Nur in ihren Strafexpeditionen, die sie heute gegen Männer unternimmt, glüht die Wut auf den Vater nach.

In der Pubertät fand sie bei Nelly ein neues Zuhause, sie betrachteten sich als Liebespaar und als eingeschworene Gemeinschaft gegen die Ungerechtigkeiten dieser Welt. Die hehren Ideen verflüchtigten sich nach und nach, die Leidenschaft füreinander blieb. Selbst die Männerfreundschaften, von denen Yvonne besonders viele ausprobierte, tangierten ihre Liebe bisher nicht gravierend. Yvonne sucht nicht einen einzigen, exklusiven Mann, der Macht über sie gewinnen kann. Sie will die Situation bestimmen, unbewußt die versuchten Übergriffe ihres

Vaters rächen. Ihre Freunde sollen genauso liebesbedürftig werden, wie sie einst war, und wie ihr Vater sollen sie fiebernd nach ihr gieren. Und wenn sie klein und hilflos sind, wie sie es damals war, läßt sie sie fallen. Sie sollen leiden, wie sie gelitten hat, bestraft mit den Mitteln ihres Vaters, der sie mehrfach betrog: um ihre Kindheit, um Wärme, um Elternliebe, um ihre Würde.

Vor ein paar Jahren hat sie versucht, ganz auf Männer zu verzichten. Aber ihre Sucht nach ihnen ist stärker als sie selbst. Ob es Gier nach Sex, nach Bestrafung oder Selbstdarstellung ist – sie kann es nicht sagen. Nur einmal, in Nellys ersten Schwangerschaftsmonaten, hat es geklappt. Damals erfaßte sie Panik, weil Nelly ständig mit ihrem Mann zusammen war, als ob sie signalisieren wollte: «Das Kind gehört nicht dir.» Yvonne fühlte sich mies und der Lage nicht gewachsen und zog, auf der Suche nach einer rettenden Eingebung, häufiger durch Lesbenkneipen. Schon bald bemühte sich eine Lederlesbe mit einem sanften Herzen um sie. Ein paarmal schlief Yvonne mit ihr; vielleicht wäre sogar Liebe daraus geworden, wenn nicht Nelly genau zu jener Zeit Yvonnes schwankende Gefühle wieder für sich beansprucht hätte. Die «Ersatzfreundin» ist Yvonne nie ganz aus dem Kopf gegangen. Sie war ein Kontrastprogramm zu Nelly, stark, fürsorglich und aktiv im Bett. Yvonne erlebte neue Lust- und Abhängigkeitsgefühle. Plötzlich suchte sie auch keine Männerbeziehung mehr. Das bereitete ihr Unbehagen und faszinierte sie.

Alles schien wie ehedem: Macht über Männer, Fürsorge für Nelly. Wenn nicht dieser Haar-Riß zwischen ihr und Nelly wäre, eine unsichtbare Verletzung, die sich bei jeder weiteren Erschütterung zur Wunde auswachsen kann. Die Symbiose zwischen Nelly und dem Baby schuf leise, schleichende Entfremdung.

Nelly erlebt eine neue Qualität der Liebe. Die Mutter spiegelt nicht nur das Kind, das Kind spiegelt auch die Mutter: «Die Mutter schaut das Baby an, das sie im Arm hält, das Baby schaut in das Antlitz der Mutter und findet sich selbst darin... vorausgesetzt, daß die Mutter wirklich das kleine einmalige, hilflose

Wesen anschaut und nicht ihre eigenen … Erwartungen, Ängste, Pläne, die sie für das Kind schmiedet, auf das Kind projiziert.»[1] Die hehren Vorstellungen vom reinen Spiegel der Mutter sind Illusion. Genauso wie es unmöglich ist, ohne eigenes Raster die Welt zu betrachten, kann auch keine Mutter ihr Kind durch «neutrale» Augen widerspiegeln.

Ob das Kind sich selbst in der Mutter findet und mit diesem Spiegelbild sein Ich aufbauen kann oder ob die Mutter vor allem sich selbst im Kind erblicken will: In beiden Fällen zieht die Mutter «Nutzen» aus dieser Beziehung. Denn die als höchste, weil uneigennützigste Form der Zuwendung besungene Mutterliebe ist zugleich die höchste Form der Selbstliebe, da sie dem Eigenen gilt – dem eigenen Kind und dem eigenen Ich. Sie wabert zwischen der homoerotisch eingefärbten Sehnsucht nach dem Gleichen und der Suche nach dem anderen. Gegen diese frühe Liebe verliert jede spätere ihre Farbe. Sie ist die erste Liebe für das Baby und für Mutter und Kind die vollkommene Vereinigung von Objekt- und Selbst-Liebe.

Jacques Lacan hat die in den ersten achtzehn Lebensmonaten angesiedelte Phase «Spiegelstufe»[2] genannt. Auf dieser Stufe erfährt sich das Kind erstmals als Einheit, wenn es sich im anderen erblickt und sich mit diesem Vorbild identifiziert. Es ist die erste persönlichkeitsbildende Phase, in der sich das Ich als Liebesobjekt selbst umfängt. Wenn auch diese Liebe narzißtisch erscheint, ist sie nicht nur nach innen, sondern auch nach außen gerichtet. Denn ohne Außenorientierung kann sich kein Ich bilden. In dieser doppelten Verbundenheit liegt das Erbe jeder späteren Liebe. Fortan trägt jede Liebe zu einem anderen Menschen die Spuren der narzißtischen Objekt-Liebe. Gewagter formuliert: In der Sehnsucht klingt immer auch der Nachhall dieser ersten Liebe mit, deren homoerotischer Untergrund theoretisch eine homosexuelle Objektwahl möglich macht.

Nicht umsonst macht sich die Werbung diese Basis zunutze. Sie bindet genau das, was im Bild von Mutter und Baby aufleuchtet: Ästhetik, Natürlichkeit und die höchste Form leidenschaftsloser Erotik erscheinen als verführerisches Ganzes. Wie Kindheitserinnerungen, die hüten, was Erwachsene als echt oder wahr empfinden, wecken sie das süße Gefühl, der Essenz des Lebens zu begegnen. An diese Symbiose heften sich verschüttete Erinnerungen an Ewigkeitsbilder ohne Ambivalenzen, ohne Zwischentöne, an das Nirwana des Seins. Die frühkindliche Liebe ist die Quadratur des Kreises, Anfang und Ziel der Sehnsucht. Sie ist das Arkadien, in dem alles vollständig war und alles vollkommen sein wird. Sie könnte zum zeitgemäßen Lust-Modell der androgynen Zeit aufsteigen – die Sphärenklänge, die im Bild von Nelly mit Baby erklingen, kann auch das perfekte Duett zwischen den Freundinnen nur nachahmen, nicht aber vollständig imitieren. Die Mutter-Kind-Symbiose ist das Original, spätere Lieben eine mehr oder weniger perfekte Kopie.

## Gleichklang der Gefühle

Kaufmannstochter – das klingt nach Aussteuer, solidem Ehemann, Rechtschaffenheit und einem klaren Lebensweg. Es ist die bürgerlich-kommerzialisierte Ausgabe der Generalstochter: gerade Haltung und domestizierte Sinnlichkeit.

Klaras Herkunft ist unauslöschlich. Sie schläft abends als Kaufmannstochter ein und erwacht morgens in derselben Pose. Daß sie bi fühlt, kann sie sich verzeihen, doch nicht, wenn sie ihr Leben mit einer Frau verbringen würde. Sie möchte Kinder und einen Mann. Konzessionen sitzen in ihrem Familienkonzept nicht drin. Das mag ein Motiv sein, weshalb sie wieder zu Benno zog. Doch Benno ist ein unsicherer Kandidat, verheiratet seit Jahr und Tag und immer auf dem Sprung, sich neu zu verlieben. Wie Klara unterrichtet er Sport. Vielmehr war es Klara, die seinetwegen Sport studierte. Denn sie kennen sich schon seit ihrer Gymnasialzeit.

Weil es Liebe war, oder eher Leidenschaft, endete Bennos Verführung seiner damaligen Schülerin nicht vor dem Kadi. Klara genoß das Verruchte ihrer heimlichen Beziehung. Allein der Gedanke an ihre aufrechten Eltern versetzte sie damals in eine Stimmung, in der sie alles erregte, was anders als Zuhause war. Die fünfköpfige Familie mußte unentwegt funktionieren, damit die Eltern mit ihrer Arbeit im Geschäft klarkamen. Lust wurde in der verkrampften Arbeitsatmosphäre ausgeblendet. «Zärtlichkeiten gab es nicht, auch keine sinnlichen Freuden, und meine Mensis wurde mit Schweigen bestraft.»

Weiblichkeit galt als Schwäche. Klaras Schwester wehrte sich gegen dieses Stigma mit einer nuttenhaften Aggressivität. Mit 18 stöckelte sie in heißen Höschen und halsbrecherischen Absätzen durch die Discos und quatschte mit ihrem schwarz-umrandeten quitschroten Mund jeden an, der ihr gefiel. Natürlich provozierte sie grauenhafte Familienkräche, vor denen Klara, ein Jahr jünger als ihre Schwester, zu Benno flüchtete.

Als Klara Abitur machte, bekamen ihre Eltern Wind von der Affäre. Eine eifersüchtige Mitschülerin hatte sie verpfiffen. Das schüttelte die Eltern sichtlich durch. «Meine sonst so pingelige Mutter wirkte auf einmal ungepflegt. Mein Vater schwieg erst zwei Wochen, dann besuchte er Bennos Frau, die sich nach allen Seiten verständnisvoll gab. Das brachte ihn schier um.» Er suchte eine Komplizin und traf auf eine Kupplerin. Und plötzlich verstand Klara auch, warum. «Ich beobachtete Benno beim Training, als mir seine eindeutigen Blicke und Berührungen auffielen, die einem Schüler galten. Seine Frau hatte mich offenbar als Ablenkung von seinen homoerotischen Spielen akzeptiert.»

Tief gekränkt wollte Klara einen Schlußstrich ziehen. Doch, ob's das Kaufmannserbe oder Trägheit war: Sie hatte in die Beziehung schon so viel investiert, daß sie sich auf einen neuen Handel mit ihm einließ. Er schwor ihr Treue, verließ seine Familie und bezog eine eigene Wohnung. Im ersten Studiensemester wohnte Klara bei ihm. Das letzte Quentchen Groll und ein gutes Pfund Mißtrauen wollte sie erst gar nicht loswerden: sie glichen die Soll-Seite ihres Gefühlshaushaltes aus.

Dann geschah, was ihr heute unausweichlich scheint, sie aber damals in Verwirrung stürzte: Sie verliebte sich in ihre Anatomie-Tutorin. «Das brachte meine Welt viel stärker durcheinander als meine erste Liebe zu Benno. Das Unterste schien sich nach oben zu kehren.» Sinnlichkeit überschwemmte sie. Lernen, lesen, Scheine machen – der studentische Alltag rückte sehr weit weg. Wie alle Liebenden entdeckte sie die Welt ganz neu. Ihre Freundin unterstützte sie dabei und verscheuchte die letzten

Skrupel, Benno zu verlassen. Schließlich war seine Treue auch nur in den Wind geschrieben: Verheiratet blieb er doch. Vergessen aber war er nicht.

Nach drei exklusiven Frauen-Monaten – in einer Frauen-Wohngemeinschaft, in einer Frauen-Arbeitsgruppe, auf Frauenfesten und in Frauenkneipen – traf sich Klara wieder mit Benno. Erst nur, um von gemeinsamen Freunden zu hören und um über Sport zu reden. Mit ihrer Freundin gab es Diskussionen über ihr Verhalten. Klara haßte diese archäologische Tiefen-Buddelei. «Zuletzt starrte mich nur noch das Skelett meiner Psyche an: die Kramer-Seele.» So nannte ihre Freundin sie fortan – stellte sich damit selbst ein Bein.

Trotzig ließ sich Klara von einer sehr unabhängigen und ziemlich ausgeflippten Powerlesbe verführen und spielte in deren Machoszene Frau, bis sie wie eine Moorleiche in einer Mondnacht wieder auftauchte, aufgeweicht, abgesackt, konturlos, schlaff. Sie war ihrer «ersten» Freundin dankbar, daß sie sie «aus diesem Sumpf» herausholte. Niemand sagte und alle dachten es: Das war zuviel für ihre ordentliche Kaufmannstochter-Seele.

Als Klara sich in ihren Gefühlen wieder mehr oder weniger auskannte, meldete sich der Zwiespalt. «Nicht die Bisexualität spaltet meine Gefühle, sondern meine gleichzeitigen Sehnsüchte nach einem Stückchen Bürgerlichkeit, die ich mit Familie assoziiere, und meinem Wunsch nach Unabhängigkeit, die meine Freundinnen verkörpern.» Sie hatte einige Männerbekanntschaften, aber keiner ihrer Freunde nahm ihre Bisexualität wirklich ernst. Wenn sie davon erzählte, zuckten sie bloß die Schultern. Frauensache. Ähnliches hat Sue George [1] festgestellt: die Mehrheit der Männer reagiert entweder gar nicht oder voyeuristisch auf die Homoerotik ihrer Partnerinnen – selbst wenn die Frauen erst während der Ehe ihre homoerotische Neigung entdecken. Vielleicht ist das so, weil sich Bi-Frauen besonders angepaßt verhalten. Nur jede fünfte schafft es, gleichzeitig eine intime Freundschaft zu einem Mann und einer Frau zu pflegen.

Auch Klara lebte phasenweise monogam. Benno dagegen gehört zu jenen Bisexuellen, die stets bereit sind, «erotische Signale zu senden und zu empfangen. Ihr erotisches Interesse wird rasch erweckt, und sie sind sexuell stark ansprechbar.»[2] Diese aufgeheizte Art fasziniert Klara immer wieder. Sie ließ sich wie viele andere davon betören. Und schließlich zog auch sie wieder zu ihm. «Es war mehr als seine Erotik. Ob ich es zugab oder nicht, immer hatte ich Verlangen nach ihm. Er ist wie meine zweite Hälfte, ein Wahl-Verwandter und doch ganz anders.»

Mehr noch als ihre zweite Hälfte scheint er ihr Doppelgänger. Seit acht Monaten leben sie wieder zusammen, «und manchmal denke ich, wir seien ein uraltes Ehepaar». Beide haben die gleiche Ausstrahlung und eine perfekt athletische Figur. Wenn sie joggen, verschmilzt die Rhythmik beider zu einem einzigen Körper. Leichtfüßig, schnell und elegant ziehen sie davon. Vor allem aber in perfekter Harmonie. Schon zehn Sekunden nach dem Start sind die Figuren kaum noch zu unterscheiden. Ihre intensive Sensibilität füreinander erstaunt sie häufig selbst. «Vielleicht ist Einfühlungsvermögen das Merkmal bisexueller Menschen, weil sie das eigene und das andere Geschlecht verstehen», versucht Klara eine Deutung.

Benno strahlt: Eigentlich strahlt er unentwegt. Wieso auch nicht. Alle lieben ihn. Und seine Frau fängt ihn auf, wenn keine anderen Netze da sind. Sie würde sogar eine ménage à trois riskieren, wenn sie ihn dadurch nicht ganz verliert. Dieses selbstverständliche Geliebtsein verleiht Benno einen unwiderstehlichen Charme, der Frauen und Männer gleichermaßen betört und der ihn nicht nur einmal nach dem Verbotenen greifen ließ. Trotzdem hatte er noch nie Schwierigkeiten, in der Schule redet er freimütig über seine Bisexualität. «Das kostet ihn nichts, kein bißchen Mühe», vermutet Klara bewundernd und etwas ärgerlich über soviel Nonchalance.

Mit Offenheit haben auch andere bisexuelle und schwule Lehrer, vor allem an Gymnasien, gute Erfahrungen gemacht[3]. Auf ihr «outing» erhalten sie meist eine positive Rückmeldung. Schüler finden es «toll», wenn Lehrer offen über ihre sexuelle Neigung sprechen. Sie fühlen sich ins Vertrauen gezogen und ernst genommen, erleben diese Lehrer als «näher» und «vertrauter». Selbst Eltern reagieren tolerant, wie eine Schülerin berichtet: «Ich habe mit meiner Mutter darüber gesprochen nach dem Motto: Mal gucken, wie die reagiert. Zu meinem Erstaunen hat sie dann gesagt, daß sie es gut findet.»

Benno geht nicht nur offensiv mit seiner Bisexualität um, sondern verkauft sie zudem als Errungenschaft: «Für mich bedeutet Bisexualität absolute Gleichberechtigung, den Weg zu einer offenen Gesellschaft.» Was als theoretisches Manifest absolut einleuchtend scheint, versagt in der Praxis ziemlich kläglich. Mit der Leuchtkraft dieses Alibis blendet er andere, um sie für seine «Freiheit in Geborgenheit» zu gebrauchen. Junge Männer lassen sich vom Flair seiner Ungebundenheit faszinieren, und Frauen öffnen ihm mütterliche Arme, um ihn jederzeit aufzufangen. Nachdem er aus seinem engstirnigen Elternhaus mit einem zynischen Vater und einer bigotten Mutter ausgezogen war, schwor er sich, seine Neigung nie wieder zu leugnen, über dreißig Jahre koexistiert er nun friedlich mit seiner Bi-Neigung – eine Seltenheit unter Bisexuellen.

Hier liegt das Trennende zwischen Klara und Benno. Öffentliche Bekenntnisse widerstreben ihr zutiefst. Sie hat gelernt, ihre Gefühle zu kontrollieren. Schnell zieht sie sich zurück, wenn sie jemand zur Vertrauten machen möchte, und in ihrem Körper fühlt sie sich am wohlsten, wenn sie Sport unterrichtet. Dann erlebt sie die körperliche Disziplin als ungeheure Stärke, die auch Sex entbehrlich macht als eine «asketische» Lust.

Intensive oder lang andauernde Belastungen setzen Endorphine im Gehirn frei, die die Schmerzempfindlichkeit verringern und die Stimmung heben. Diese dem Morphin verwandte Substanz agiert wie ein körpereigener Schmerzstiller und Gemütsaufheller. Nachdem mehrere Untersuchungen zeigten, daß

Sportlerinnen überdurchschnittlich häufig bisexuell sind, wurde wieder verstärkt über biologische Ursachen der Bisexualität diskutiert. Money und Ehrhardt[4] behaupten, daß sich biologisch «vermännlichte» Mädchen, die einen Überschuß an Androgenen (männlichen Hormonen) mitbekommen haben, besonders wild und jungenhaft verhielten. Wolff dagegen zeigte, daß dies nicht gleichbedeutend ist mit «Vermännlichung»: «Achtunddreißig von fünfundsiebzig bisexuellen Frauen wiesen als Kind wildes, jungenhaftes Verhalten auf und wollten dem anderen Geschlecht angehören. Aber die Situation änderte sich, sobald sie erwachsen waren. Nur fünf wollten als Erwachsene Männer sein, und dies nur aus Gründen eines besseren beruflichen und gesellschaftlichen Status... Die betreffenden Frauen unterschieden sich in ihrer Erscheinung nicht von anderen Frauen, aber sie zeichneten sich durch eine bemerkenswerte Dynamik, Freiheit des Ausdrucks und Unvoreingenommenheit im sozialen und persönlichen Bereich aus.»[5]

Falsch ist vor allem die Grundannahme, daß «vermännlichte» Frauen zwangsläufig bi- oder homosexuelle Neigungen hätten. Dieses biologistische Muster hat sich in vielen und auch in Wissenschaftler-Köpfen festgebissen. Die Geschlechtsidentität, d. h. ob sich ein Mensch als männlich oder weiblich empfindet, ist keine biologische Größe. Transsexuelle Menschen belegen eindrücklich, daß biologisches und psychisches Geschlecht auseinanderfallen können. Sie fühlen sich «im falschen Körper» zu Hause. Und transsexuelle Männer, die Männer lieben, empfinden sich nicht als homo-, sondern als heterosexuell.

Die sexuelle Neigung hält sich zudem weder an ein biologisches noch ein psychisches Gleichgewichts-Schema. Auch Frauen, die sich selbst als männlich empfinden, oder Männer, die «weiblich» fühlen, können durchaus heterosexuelle Partner suchen.

Klara hat eine ganz andere Erklärung für die bisexuelle Wahl der Sportlerinnen: «Sie sind wettbewerbsorientiert, ‹kämpfen› gegen Frauen und Männer. Das lädt erotisch auf und ebnet Unterschiede ein. Das Körpergefühl verändert sich. Ich bewundere dann beispielsweise jeden agilen Körper, ob er nun weiblich oder männlich ist. Und wenn ich mit Benno trainiere, ist das wie ein Gleichklang der Gefühle, in den ich auch andere, auch Frauen, einbeziehen kann.»

Nicht nur Sportlerinnen erleben ihre Bisexualität als Harmonie: «Die Liebenden sind Brüder», beschreibt Elisabeth Badinter die Beziehung der Zukunft, «die einen leichten Beigeschmack von Inzest besitzt.»[6] Bisexuelle Menschen berichten häufig von ihrem gleichschwebenden Gefühl für Frauen und für Männer, von dem «Wunsch, beide zu umfangen und zu lieben», wie Klara in einer für sie erstaunlich poetischen Art erzählt.

## Narzißtisch

Christian hält sich für einen talentierten Narziß, einen Liebhaber perfektionierter Ausgaben seiner selbst, in denen er sich wiederfinden und die er anbeten kann. Nicht daß er meint, ein größerer Egomane zu sein als andere – er hält sich nur für ehrlicher. Und er weiß, daß er mit selbstverliebten Äußerungen seine Freundin Claudia reizen kann. «Sind sie nicht schön?» bewundert er seine eigenen Hände. «Selbst wenn sie nicht meine wären, müßte ich zugeben, daß sie unvergleichlich sind.» Wenn auch ironisch akzentuiert, findet er an seiner Selbstbetrachtung pures Entzücken und kann sich so kindlich vergnügen. Fast neugierig verfolgt er, wie sich die bläulichen Adern unter der weißblassen Haut seiner Hände rhythmisch-ausdrucksvoll verändern. Höhnisch nimmt Claudia das Duell wie erwartet an: «Er redet wie seine Mutter. Sie ist eine söhnchenfressende Kannibalin. Sie hat ihm die Nägel nie mit der Schere abgeschnitten, sondern abgekaut, a-b-g-e-n-a-g-t wie schmackhafte Hühnerbeinchen.» Claudia reckt sich triumphierend, blickt der Spitze aller Perversionen ins Auge. Christian gibt sich besiegt. Solange sie seine Mutter in ihm umbringen will, liebt sie ihn. Nur das zählt wirklich.

Claudia hat eine präzise Vorstellung von ihm, und dazu gehört die verschlingende Mutter, eine «Nur-Hausfrau» in einer enttäuschenden Ehe, die tatsächlich die Nägel ihres Sohnes kaute. Diesem und ähnlich lustvollen und entwürdigenden Erlebnissen, die ihn als Kind zum Schoßhündchen dressierten, war er ohnmächtig ausgeliefert. «Ständig beschäftigte sich meine

Mutter mit meinem oder ihrem Äußeren und hielt mich immer griffbereit.» Als Seelenwärmer seiner Mutter erkaltete er innerlich selbst mehr und mehr. Wehrlos ließ er auch den Spott seiner Schulkameraden über sich ergehen, deren ausgelassenes Treiben er unendlich fürchtete. Am liebsten hätte er bei den Mädchen mitgespielt, aber die konnten ihn nicht gebrauchen, probten sie doch gerade die ersten Schritte ihrer weiblichen Rolle, noch tastend und deshalb auf der Suche nach radikalen Frauen-Vorbildern zwischen der ätherischen Audrey Hepburn und der Sexgöttin Marilyn Monroe. Die Phase der Marie Curie oder Virginia Woolf kam später. Auf dieser Entwicklungsstufe hätten sie ihn wohl akzeptiert, aber da hatte ihn auch schon ein Junge zu seinem Spielzeug erkoren.

Dieser erste intime Freund war ein Kraftprotz, der sich als harter Typ hervortat. Vor anderen hänselte er Christian und gerierte sich als Boss. Heimlich im Geräteschuppen hinter der elterlichen Garage probte er mit ihm homosexuelle Liebesspiele. Christian machte mit, beherrscht von Angst und Lust.

Gleichzeitig träumte er von Mädchen. Mit 19 klappte es dann endlich, er fand eine Freundin, etwas älter als er, ziemlich attraktiv, ziemlich erfahren und nur ziemlich treu. Nach wenigen Monaten musterte sie Christian aus. Den Schock federten zwei Nachfolgerinnen ab, beide sehr feminin und sehr schwesterlich, was den neuerlichen Trennungen die Härte nahm: die Lust hatte sich auf leisen Sohlen schon davongemacht. Und wieder ließ sich Christian von einem jungen Mann erobern, einem Kommilitonen, der auch Biologie studierte. Mit ihm kam Christian in eine Schwulenszene, die wie eine eingeschworene Gemeinschaft ungeschriebene Rituale pflegte. Eine bestimmte Art, sich zu begrüßen, sich zu halten oder zu verabschieden, glich zeremoniellen Refrains zur Gruppenstärkung. Einige Männer lösten bei Christian Unbehagen aus; sie hatten etwas Männerbündlerisches am Leib, ein Gehabe, das Christian die Luft zum Atmen nahm.

Abrupt brach Christian mit seinem Freund und dessen Szene.

Wie bei einem Befreiungsschlag reagierte er mit einem extensiven Freundeswechsel und einem leicht femininen Touch. Er trug Kettchen und zwei Fingerringe wie Filmdiven der fünfziger Jahre. Trotzig foppte er seine Freunde, indem er jene Rolle ausreizte, die ihm seit seiner Kindheit aufgezwungen worden ist. Die Leere, an der seine Mutter litt und die mittlerweile auch seine eigene geworden war, füllte er mit extensivem Sex.

In dieser Phase, die er als Widerstand gegen chauvinistische Schwule bezeichnet, erinnerte er sich auch seines zeichnerischen Talents, das ihm während der Schulzeit, wenigstens bei den Mädchen, ein bescheidenes Renommee als musisch begabt einbrachte. «Mit einem für meine Begabung besessenen Eifer zeichnete ich Männer, immer wieder diese deroutierten, kaputten Männer, ich strichelte sie mir quasi von der Seele.»

Seine Beziehungen suchte Christian nun unter den sensibleren Seelen, die ihr Coming-out zu einem Eklat hochpuschen mußten, um selbst damit klarzukommen. Diese ambivalenten Typen waren nach seinem Geschmack. Doch nicht mit allen teilte er positive Gefühle; die meisten Beziehungen waren reine Sucht, selbstbestätigend, lustbejahend und als wackelige Krücken gegen Einsamkeit. Zwischendurch legte er sich ein kurzes, monogames Verhältnis mit einer Frau zu, die sich unter seinen Händen zur Asexuellen neutralisierte. Andere Frauen streiften nur für eine Nacht durch seine Wohnung, obwohl er sich immer wieder nach einem weiblichen Körper, noch mehr nach einer weiblichen Seele, sehnte.

Von Zeit zu Zeit überfiel ihn der Überdruß-Horror, wenn die Realität nicht hielt, was seine Phantasie versprach. Langsam fürchtete er das Ungeheuer Lust. Es quälte ihn besonders, wenn er die Menschen verachtete, die er begehrte. Das geschah nicht selten und betraf meist Männer. Vor allem dann, wenn ihm nach Sex war und sie auf eine Kuschelecke mit viel Gerede und Gemüt drängten. Außerdem drohte seine Psyche, aus dem exzessiven Lebensstil auszusteigen und ihn als seelenlosen Zombie zurückzulassen. Ein bißchen Zombie war er ja ganz gerne. Doch die Angst saß ihm im Nacken, daß er eines Tages seiner Gier wie Heroin verfallen würde, fixiert in dem nicht mehr umkehrbaren Kreislauf von kurzen, selbstbestätigenden Sex-Abenteuern und der lähmenden Einsamkeit danach.

Dann tauchte die 26jährige Claudia auf. «Ich habe ihn mir geangelt, nicht er mich», verkündet sie etwas resigniert und etwas stolz. «Christian war ein Bühnenheld, der sich beweisen wollte, daß er zum Vollblut taugt – außen Macho, innen verzagt.» Genau das, oder wenigstens so etwas Ähnliches, suchte sie. Etwas Unbürgerliches, das ihr nicht gleich einen Ehering ansteckte, obwohl er acht Jahre älter ist als sie. Sie mag junge Männer nicht, sie sind zu öde und zu unerfahren und verlieren vor lauter Aufregung kurz, bevor es Spaß macht, die Kontrolle über ihre allzu eifrige Lust. Christian versprach etwas anderes, vielleicht Abgebrühtes, aber unterfüttert mit einer sanften Seele. Und es funktionierte.

Christian mag ihr Temperament, und er liebt ihre lebendige hagere Schönheit, die er in keinem seiner Freunde je gefunden – und wahrscheinlich auch nicht gesucht – hat. Er braucht dieses ungebrochene Wesen, mit dem er sich häufiger streitet als mit jedem anderen Menschen. Das heißt, eigentlich streitet er sich gar nicht und mit niemandem; sie streitet sich mit ihm. Wenn seine eigenen Wenns und Abers, homoerotische Haßlieben und sexuelles Verlangen in seinem Kopf schwindelerregend rotieren, provoziert er Claudia. Ihre aggressive Eindeutigkeit ist wie der doppelte Espresso bei wegsackendem Kreislauf. Sie nimmt ihn ernst als Mann, als Partner, als Geliebten. Obwohl sie es nie von ihm verlangte, hat er seine extensiven Abenteuer aufgegeben. Wie wenn sie den Knoten gelöst hätte, der ihn an seine Sex-Trips festband. Seit einem Jahr hat er einen einzigen festen Freund, mit dessen Existenz sich Claudia schlecht und recht arrangiert.

«Claudia gibt mir Stärke und männliches Selbstbewußtsein, mehr als jeder Mann und jede Frau, die ich bisher kannte», rühmt Christian. Bisher raubten ihm Frauen eher seine Sicherheit. Claudia hat etwas in ihm geweckt, das seine Ängste kühlt. Sie bewegt ihn, rührt ihn an. Er kann sich bei ihr fallenlassen, ohne die quälende Furcht zu verspüren, ausgenutzt, abgenagt und aufgekaut zu werden wie ein Hühnerbein. Trotzdem gehört sie nicht zu jenem weiblichen Mittelmaß, das bei ihm schon nach kurzer Zeit eine geschwisterliche Tristesse hervorruft. Bei ihr findet er immer noch Neues, Überraschendes, obwohl sie nie etwas verbirgt. «Das habe ich mir während des Ingenieur-Studiums angewöhnt. Da kommt eine Frau nur mit zäher Sturheit durch die Männerriege. Und das schafft sie nur, wenn sie direkt ist und ihre Hörner zeigt.»

Mit Christian ist trotzdem alles ganz anders. Da muß sie keine Hörner zeigen; in ihm findet sie das Weiche, das sie anzieht. Ihren «männlichen» Beruf dagegen hat sie immer als aggressiv und feindselig angesehen, was in ihr ungeheure Kräfte mobilisiert: «Ich wollte es den Chauvis zeigen!» Darin gleicht sie offensichtlich Christian.

Christians frühere Frauenfreundschaften überlud er mit allzu divergierenden Wünschen: er suchte eine Freundin, die anders als seine Mutter war, in der er dennoch ihre dominierende Seite wiederfand, über die er triumphieren wollte. Er «kastrierte» die Frauen, entzog ihnen seine Lust, gab ihnen seinen Phallus nicht. Über seine Freundinnen wollte er sich das mächtige Weibliche aneignen, mit dem er sich nie vollständig identifizierte. Hier scheint ein Kern seiner Bisexualität zu liegen – die Mutterimago beherrscht ihn nicht derart vollkommen, daß er sich nur mit ihr identifizieren und nur wie sie einen Jungen lieben kann.

Seitdem er mit Claudia zusammenlebt, hat sich vieles verändert. Ihre etwas hilflose Holzhammermethode, mit der sie auf seine Mutter eindrischt, entspannt ihn. Claudia lockt väterlich Beschützendes in ihm, gerade weil sie ihm männliches Selbstvertrauen und Stärke gibt. Er meint sogar, daß er die Männer anders liebt, seit er mit ihr zusammen ist. Jedenfalls empfindet er seinen Freund heute eher als Partner, als Individuum.

Er gab sich zwar früher gern als Pazifist der Liebe aus, verständnisvoll, tolerant, friedfertig, die Verschiedenheit genießend. Das war allerdings die Seite, an der die Frauen schliefen. Männer hielt er an seiner pseudopazifistischen Seite, auf der er die Gleichheit aller Menschen nur deshalb propagierte, um sie als Gleiche, als Zwilling und Begleiter seiner selbst, zu domestizieren und ihre mögliche Macht über ihn zu brechen. Ob nur Claudia diese subtilen Verschiebungen in seinem Binnenleben bewirkte, kann er nicht sagen. Doch er genießt die neuen Gefühlsakzente; sie schmeicheln seinem Ego. Er lacht: «Manchmal phantasiere ich Claudia gleich- und meinen Freund anders-geschlechtlich. Auch so kann ich beide lieben.» Hetero- und Homo-Erotik wechseln das Objekt.

Früher haben ihn Frauen wie Claudia bis in die Eingeweide erschreckt. Sie zeigt offene Eifersucht und droht, ihn zu verlassen, wenn er sie mit einer anderen Frau betrügen sollte. «Es wird ganz anders kommen», versucht Christian ein Unglück zu prophezeien, um sich zu wappnen oder das Unheil zu bannen: er fürchtet, daß Claudia ihn wegen einer anderen Frau verläßt.

Claudia bagatellisiert ihre homoerotischen Wünsche, die sich, seit sie erwachsen ist, erst ein einziges Mal äußerten. Möglicherweise war ihr «banales Abenteuer» auch nur die Antwort auf eine von Christians damaligen Männergeschichten, im Schwips aufgelesen und bei Sonnenaufgang abgeladen. «Diese wackere Isolde war ein Fehltritt im Wortsinn.» Ihre «heterosexuelle Unschuld» will Claudia dabei nicht verloren haben. «Denn ich habe sie nicht wirklich geliebt. Das eigene Geschlecht ist mir viel zu bekannt, um einen erotischen Wert zu besitzen.»

Genau darin liegt ein starker Reiz der Homosexualität. Und auch ihre Qual: Sie begehrt das andere im Gleichen. Sich selbst im anderen zu lieben greift auf narzißtische Kindheitserfahrungen zurück, auf die Mutter-Kind-Symbiose. Die aber läßt sich real nicht wiederherstellen. Es bleibt nur der Versuch, Phantasie in der Wirklichkeit zu erleben.

Eine Imagination, die sich verwirklichen will, hält jede Menge kleiner Höllen bereit: Desillusion durch Scheinähnlichkeiten, Rausch, der im Kater endet. Betrug des blinden Vertrauens, der Wunsch nach Euphorien und das Ende im Wahn, der süchtig nach ewig neuen Abenteuern macht, süchtig danach, sich im anderen Mann seiner eigenen Männlichkeit zu vergewissern, die wie bei der Osmose vom einen in den anderen fließt. Diese Erfahrungen und Gefühlswogen trieben Christian lange Zeit um. Immer wieder Erlebnisse des Selbstvergessens, Augenblicke, in denen er sich am nächsten war. Und dann die Abstürze: wenn der andere sich als Individuum behaupten wollte, wenn er etwas anderes wollte, als nur Lust zu spenden. Wenn er sich mit den Mitteln einer Frau entzog, Lust und Liebe zurückhielt, nur sehr viel offensichtlicher, denn männliche Unlust kann sich kaum verstellen. Das senkte Zweifel in die Seele, rief Kastrationsängste auf den Plan. Christian hat kaum eines der Fegefeuer ausgelassen, die homosexuellen Liebeserlebnissen drohen.

Die Entdeckung der «gleichberechtigten» Libido brachte Sigmund Freud auf die Fährte des Narzißmus. Den Begriff verwendete er erstmals 1910, um die homosexuelle Orientierung zu erklären. Homosexuelle nehmen «sich selbst zum Sexualobjekt, das heißt, vom Narzißmus ausgehend (suchen sie) jugendliche und der eigenen Person ähnliche Männer auf, die sie so lieben wollen, wie die Mutter sie geliebt hat.»[1] Nach Freud hat jeder Mensch ein bestimmtes Maß an libidinöser Energie zur Verfügung, das er entweder nach innen oder außen richten kann, je mehr Libido er für sein Ich abzieht, desto weniger kann er Objekten geben.

Die freudsche Narzißmus-Theorie hat nicht für alle Formen der Homosexualität Gültigkeit. In jeder Liebe laufen Verschmelzungswünsche mit, kein sexuelles Verlangen richtet sich allein auf ein äußeres Objekt und keines nur auf das eigene Ich. Allerdings sollen «symbiotische Phantasien bei Männern häufiger als bei Frauen zu... Homosexualität» führen.[2] Zu simpel scheint sich in dieser Vorstellung der Kreis von männlicher Homosexualität und symbiotischen Wünschen zu schließen, zu direkt schlagen frühkindliche Erinnerungen ins Erwachsenenleben durch. Der Weg vom sekundären Narzißmus, der Konzentration der Libido auf das Ich, zurück zum primären Narzißmus, dem frühen Zustand, in dem sich das Kind als Einheit mit der Welt halluzinierte, ist verschlungen. Doch noch heute disqualifiziert schon die Erinnerung an das Symbiotische einen «richtigen Mann», der, so der männliche Mythos, am mächtigsten allein ist.

Statt symbiotische Wünsche als Ursache der Homosexualität zu erklären, sollte es eher heißen: Wer als Mann seine symbiotischen Phantasien nicht verdrängt, steht auch eher zu seinen homoerotischen Phantasien. Nur die Hälfte der (männlichen) Studenten, die homo- und heterosexuell aktiv sind (vier Prozent), bezeichnete sich bei einer schon erwähnten Untersuchung 1981 als bisexuell (zwei Prozent); bei den Studentinnen stimmten bisexuelle Aktivität und Selbstdefinition überein (je drei Prozent).[3] Das gleiche Muster wiederholt sich hinsichtlich der Homosexualität. Es ist ein Privileg der Frauen, symbiotische Wunschphantasien und homoerotisches Verlangen zugeben zu dürfen, da sie als weiblicher Wesenszug betrachtet werden.

Die Loslösung des Jungen von der mütterlichen Umklammerung hat in Gesellschaften, die Heterosexualität zum Gebot erklären, eine fatale Wirkung. Die Erinnerung muß so radikal verdrängt werden, daß damit der «weichere» Teil des Mannes mit untergeht. Zurück bleibt ein tendenziell frauenfeindlicher Mann – besonders wenn er sich nur über seine Männlichkeit definiert –, der sich im innerpsychischen Kampf gegen seine Verschmelzungswünsche eine verletzte, verarmte Seele einhandelt. Auf diesem Boden gedeiht nur noch eine simple, aggressive Sexualität, die bezeugt, wer die Macht hat. Damit stabilisierte sich bisher das männlich dominierte heterosexuelle System selbst.

Narzißtische Liebe bedeutet nicht egozentrische Liebe. Auch Narcissus verliebte sich in ein äußeres Spiegelbild. Eine heterosexuelle Liebe kann durchaus berechnender sein als jede bi- oder homosexuelle. In einer Weise aber agiert die narzißtische Liebe egozentrischer: sie ist unersättlich, braucht ständig neue Liebeszufuhr. Weil ihr der innere Maßstab zur Selbsteinschätzung fehlt, der über äußere Kränkungen hinweghilft und die Einschätzung der Außenwelt relativieren kann. So sind narzißtische Menschen abhängiger von Fremdeinschätzungen und der Liebe der anderen und reagieren sensibler auf das Verhalten anderer. Kommunikation mit der Außenwelt ist für sie beides, lebensnotwendig und gefährlich – wie Stoff für einen Süchtigen.

Kohut zeigt die positiven Möglichkeiten der narzißtischen Persönlichkeit: Da sie in ihrer Kindheit nicht stur auf Normen und Werte festgelegt worden ist, hat sie eine besondere Affinität zu Kreativität, Mitgefühl und Humor.[4] Es sind Narzisse, die der androgynen Zeit und ihrer bisexuellen Tendenz zum Durchbruch verhelfen, weil sie das Symbiotische und nicht das Polarisierende suchen.

## *Lesbisch oder bi?*

Nur Perlen lassen sich in dieser Weise wie Versprechen schimmernder Weiblichkeit tragen. Und wie allzu üppig Feminines kippt auch die Symbolik allzu langer Perlenketten leicht ins Frivole – ein Effekt, den Katharina einst zu nutzen wußte, um den Geschmacksnerv der dezent gekleideten Welt zu treffen. Von ihrer Lust an der Provokation hat kein Stäubchen überlebt: Sie trägt das kurze Collier der soliden Ehefrau. Das irritiert wie ein Rosenkranz auf dem Parteitag der Sozialistischen Internationale. Ein Glück, daß wenigstens die halblangen, dunklen Haare wie vor Jahren noch widerborstig um ihren hohen Backenknochen kringeln. Auch ihre Jeans sind eng wie damals, doch provoziert das heute niemand mehr. In ihrer demonstrativen Nonkonformistenzeit war Katharina die Galionsfigur der kompromißlos lesbischen Feministinnen, die selbst die flüchtigste Affäre mit dem femininsten Mann als Verrat an der Frauensache ächteten. «Lange her», wehrt Katharina mit einem verzogenen Lächeln ab. Und als ob plötzlich sämtliche Perlen ihre Haut anglühten, fingert sie mit Daumen und Zeigefinger an ihrem Collier.

«Meine Freundin akzeptiert meinen festen Freund», tastet sich Katharina formelhaft zu einer Rechtfertigung ihrer Wandlung vor. 35 Jahre alt war sie, als sie ihn – gescheit, humorvoll, liebenswürdig, tolerant – entdeckte. Der Kontaktanzeigen-Jargon zeigt Katharina als pubertierendes Jungmädchen. Offenbar entschlossen, keine peinlichen Stereotype auszusparen, ergänzt sie: «... und gut im Bett.» Wo ist die Lesbierin, die diesem

Traummann widersteht? Nein, insistiert Katharina, nicht er hat sie dem anderen Geschlecht geöffnet: «Männer waren mir nie gleichgültig…», hebt sie zum Finale der Offenbarung an, «ihre muskulöse Sexualität faszinierte mich schon immer.»

Ganz anders das Porträt der Freundin: Katharina schreibt ihr detaillierte Eigenschaften zu, sinnlich, chaotisch, lebendig, experimentierfreudig, nicht eifersüchtig und nicht spießig. Ein gemaltes Bildnis, zu ungebrochen und eindimensional, um real zu sein. Die intime Freundin lebt allein als Wunschtraum einer namenlosen Irritation aus der Vergangenheit; zu Leben allerdings erwacht die Pinocchia nicht. Katharina weiß es und schafft es trotzdem nicht, sich endgültig von der Gestalt zu trennen. Aus Scham, ihre Überzeugungen und Gefühle verraten zu haben, flüchtet sie in immer ausgefeiltere Phantasien. In der Pseudo-Intimität mit der Phantomfreundin sucht sie der doppelten Kränkung zu entfliehen, die schmerzhaft ersehnte Nähe einer Frau nicht zu bekommen und emotional allein am kargen männlichen Liebestropf zu hängen. Auch die Perlenkette kann den Wunsch nach Wärme nicht erfüllen.

Tatsächlich brauchen bisexuelle Frauen gleichgeschlechtliche Beziehungen für ihren Gefühlshaushalt meist dringender als für die Sexualität.[1] In der «homoemotionalen» Fixierung wühlt untergründig das Erbe aus der frühen Mutter-Tochter-Beziehung: Katharina läuft der als Kind vermißten Wärme hinterher. Sie ist «ohne Gefühlsduselei wie ein Junge zu einem unabhängigen Menschen» erzogen worden – eine unbewußte List ihrer Mutter, in ihrer Tochter doch noch einen Phantomsohn zu lieben.

Katharinas Unabhängigkeit, wie wahrscheinlich auch jene ihrer Mutter, bleibt Fiktion. Sie sehnt sich nach der lesbischen Szene, die ihr ein sicheres Fundament, eine bedingungslose Akzeptanz ihrer ganzen Person als weibliches Wesen, die Freiheit in Geborgenheit bot. Denn ihre als Kind nur mangelhaft ernährte Seele braucht ersatzweise die ständige Liebes-Zufuhr als Krücke für ihre sklerotische Geschlechtsidentität.

Nur schwer löst sich Katharina aus dieser homoerotischen Geborgenheit. Doch die Brücke zur Vergangenheit trägt nur noch Erinnerungen. Damals fügte sich alles zu einem geschlossenen Erleben: Sexualität, Freundschaft, Liebe, politische Überzeugungen. Die heterosexuelle «Normalität» blieb ausgeschlossen, und Spott galt jenen, die auf beiden Seiten der Straße zugleich gehen wollten: Bisexuellen. Die Doktrin erklärte Bisexuelle zu feigen Homosexuellen, die nicht wagten, ihre Neigung auszuleben und statt dessen als offizielle Heteros soziale Anerkennung genießen und heimlich mit dem eigenen Geschlecht die Lust.

Diesen Spagat können lesbische Feministinnen kaum tolerieren, zu zäh erkämpft ist ihre Heimat. Sie mieden Katharina, als sie das Naschen in Tabuzonen nicht lassen wollte. Immer seltener war sie eingeladen; ihre damalige Freundin traf sich kaum noch mit ihr, jedenfalls vermied sie es, die Nacht bei Katharina zu verbringen.

Sechs Jahre war Katharina mit ihrer damaligen Freundin zusammen und ziemlich treu. Sie liebte das etwas pummelige und ausgeglichene «Mädchen» – so anrührend war Katharinas Stimme noch nie –, das keine Zärtlichkeiten vor den Augen Dritter zuließ, vielen zu Unrecht als farblos und wenig intellektuell erschien. Katharina liebte an ihr alles, was sie selbst niemals sein durfte und niemals war: eine weiche, eher passive, in sich ruhende Weiblichkeit. – Unverdaute Erinnerungen, die sich ungewollt und unerwartet melden.

Katharinas unbefriedigte Bedürfnisse aus der Kindheit tauchen verschlüsselt in ihren heutigen Wünschen wieder auf. Die nicht akzeptierte Weiblichkeit drängt wie alles vom Erleben Abgespaltene in irgendeiner Form an die Oberfläche. Katharina «korrigiert» durch ihre lesbische Liebe das Verhältnis zu ihrer Mutter, ohne mit dem überlegenen Vater rivalisieren zu müssen. Sie suchte in der lesbischen Szene eine Ersatz-Identität für das unterentwickelte weibliche Selbstbild. Trotzdem dirigiert ihre frühkindliche Bedürfnisgeschichte nicht allein ihr heutiges sexuelles Verlangen.

Noch immer nestelt Katharina an ihrer Perlenkette. Vier Jahre lebt sie nun mit ihrem Freund zusammen und verhält sich noch wie eine Emigrantin: schuldbewußt der verlassenen Heimat gegenüber, unsicher und überangepaßt in der Wahlheimat, von einem inneren Zwang getrieben, sich ständig zu rechtfertigen. «Es stimmt schlicht nicht, daß Bisexualität nur eine feige Form lesbischen Fühlens ist.» Halb Erkenntnis, halb Verteidigung, versucht Katharina, ihren Lebensstil selbst zu akzeptieren. Die Hürden sind enorm. Jahrelang stand sie für die Homosexuellen auf den Barrikaden, kämpfte um das Selbstbewußtsein der Lesben und gegen Vorurteile Heterosexueller. «Ich habe für sie um einen anerkannten Status gekämpft, der sie nun scheinbar berechtigt, andere zu diskriminieren», dramatisiert Katharina mit unverhohlenem Zorn.

Trotz aller Bedrohungen: Homosexuelle haben eine Identität gefunden, die sie zwar in einer zweiten Phase wieder in Frage stellen. Doch hat der «Befreiungskampf» Schwule und Lesben gezwungen, sich selbst zu definieren, ihre Sexualität zum Persönlichkeitsmerkmal schlechthin zu machen. Für eine Identität haben sie mit dem Stigma «homosexuell» bezahlt, sie sind nicht mehr Schriftsteller, Lehrer oder Pfarrer, sondern SCHWULE Schriftsteller, SCHWULE Lehrer oder LESBISCHE Pfarrerinnen.

Mittlerweile präsentieren sich Heteros gerne als verbale Schwulenfreunde mit einem libertinen Profil. Und beflissene Bildungsbürger «halten» sich im Freundeskreis einen Schwulen – manchmal sogar eine Lesbe – wie einen Ausweis ihres Savoir-vivre. Denn Künstler und Intellektuelle, so verkünden sie, gehörten besonders oft der homosexuellen Gattung an – ein Vorurteil, aus dem selbst viele Schwule Selbstbewußtsein ziehen. Amerikanische Soziologen konstatieren da nüchterner, daß homosexuell fühlende Menschen sich völlig «normal» auf alle

Berufsgruppen verteilen; unter Informatikern beispielsweise sind sogar prozentual mehr Homosexuelle als unter Künstlern.

Mühen sich Bisexuelle vergeblich, den Heteros zu gleichen, da sie im Grunde homosexuell sind? Katharina reagiert gereizt auf diese Ignoranz: «Trage ich etwa Stöckelschuhe!» versucht sie ironisch zu belegen, daß sie nicht gedenkt, sich dämlichen Heteros anzugleichen. Allmählich gewinnt sie ihre Fassung wieder, löst endlich die Finger von der Perlenkette und legt die Hand flach auf den Tisch. Sie beansprucht einen eigenen Status als Bisexuelle, sie will nicht den Verlockungen einer monosexuellen Identität verfallen.

Ihr giftiges Stakkato weckt Erinnerungen an die Suffragette von ehedem und droht dem Rest der Welt mit einem weiteren, dem bisexuellen Befreiungskampf. Der aber wird mindestens an zwei Fronten geführt werden. Auf der einen Seite stehen die ziemlich fest geschlossenen Reihen der Lesben und Schwulen. Auf der anderen lauert heimlicher Widerstand in der heterosexuellen Mehrheit, die Bi-Frauen bisher über die Lust des Mannes definierte, beflügelt doch die nach allen Seiten offene Frau die pornographische Phantasie des «Normal-Sexisten». In Porno-Videos, die sich vor allem an Männer richten, «versüßt» stets ein kleines Mädchen-mit-Mädchen-Zwischenspiel die männliche Hetero-Perversion. Von jeher wurde lesbische Liebe milder beurteilt und häufig überhaupt nicht bestraft. Selbst das Alte Testament «vergißt» die weibliche Homosexualität, nicht aber die männliche, die Moses mit der Todesstrafe bedrohte.[2] In der jüdisch-christlichen Tradition ist weibliche Homosexualität kein justitiables Vergehen, sondern bloß ein Zerrbild normaler Sexualität, eine vielleicht therapierbare «Verrücktheit». Der weibliche Anspruch auf eine selbstbestimmte bisexuelle Identität wird dem nicht mehr zeitgemäßen, aber noch einflußreichen Hetero-Patriarchen nicht schmecken: Kampflos gibt er ein weiteres Juwel aus der selbst aufgesetzten Krone der Macht über das Sexualobjekt Weib nicht her. Freiwillig opfert er die

Porno-Phantasien nicht der emanzipierten Bisexuellen – die womöglich auch noch seine Ehefrau verführt.

Katharina gibt sich wieder kämpferisch. Sie will weg vom Image der zweitklassigen Lesbe, der unentschiedenen oder gar unreifen Frau. Sie will ihre ehemalige Freundin wiedersehen und ihre Vergangenheit nicht länger aus ihrer Biographie amputieren, sie will dem Druck des Verlangens nach einer Frauenfreundschaft nicht länger standhalten – selbst wenn sie ihren Freund verlieren sollte. Sie ist sich nicht sicher, ob er eine intime Freundin nicht doch als Konkurrenz betrachten würde. In der Erinnerung an die erlebte Liebe und überwältigt von ihrer Wut, verblassen die fiktiven Bilder von einer angeblichen Freundin, die sie schon heute hat. War sie ihrer Ehemaligen in all den Jahren wahrhaftig treu? Sie verrät es nicht.

Mit ihrem Wunsch steht sie nicht allein: Aus England künden Bi-Frauen von einem neuen Wind, der alte, einseitig ausgerichtete Verhältnisse durchlüften wird. 1993 hat Sue George 142 bisexuelle Frauen befragt und ein hohes Potential an selbstbewußter Angriffslust entdeckt. «Ich las das Wort bisexuell», berichtet eine junge Frau, «und ich merkte sofort, daß es auf mich zutraf. Es ist ein wundervoller Begriff.» Eine andere versichert: «Ich bin stolz, eine bisexuelle Frau zu sein.»[3] Die Mehrzahl fühlt sich stärker zu Frauen als zu Männern hingezogen und definiert sich trotzdem nicht als lesbisch – selbst jene Frauen nicht, die ihre sexuelle Karriere als Lesbierinnen begannen. Vor allem wollen sie nicht mehr Schuld und Scham empfinden, weder ihrem eigenen noch dem anderen Geschlecht gegenüber. Sie sind kämpferisch, beschreiben sich als linke Feministinnen und ihre sexuelle Präferenz als bewußt getroffene Wahl. Ihr Widerstand gegen die heterosexuelle Norm und die «wachsende Arroganz» der Homosexuellen, die das Alleinvertretungsrecht sexueller Minderheiten beansprucht, gelten als Politikum.

«Bisexuelle sind auf jeden Fall politisch: Wir erschüttern die festen Kategorien ‹schwul› und ‹hetero›»[4], resümiert eine junge

Frau. Der Kampf dieser Entschlossenen wird wohl in einem Pyrrhussieg enden. Er wird mehr Selbstbewußtsein und mehr Anerkennung bringen. Doch der Wunsch nach einer sicheren Identität wird die gewonnene Freiheit zu etwas Passagerem schrumpfen lassen. Als Kategorie erweitert die Bisexualität die genormte Sex-Vielfalt um eine Spielart, bindet und kontrolliert sie aber auch. In dieser Form wird das Subtile, Durchlässige nicht überleben.

# «Gay» oder bi?

«Ich habe richtig gelebt.» Ein Resümee am Anfang eines Gesprächs. Nicht trotzig, nicht fatalistisch, schlicht sarkastisch. Der 42jährige lebt jeden Tag bewußt, denn er wartet auf den Ausbruch einer tödlichen Krankheit. Seit zwei Jahren weiß er, daß er HIV-positiv ist.

Was heißt bewußt leben? «Das hat nichts mehr mit Sex zu tun.» Eine stillschweigende, mit ihm selbst getroffene Übereinkunft, auf Sex mit seiner Frau und mit Männern zu verzichten. Was heißt es dann? «Nichts Großes, keine weltbewegenden Dinge, die sind zu gespreizt und ohne Sinn.» Er ist nicht religiös, will es auch nicht werden. Und an Werke, die unsterblich machen, glaubt er nicht. «Eher an die Atombombe.» Aber auch daran nicht so recht. Er will kein Miesmacher wie jene Alten werden, die von ihrer unglücklichen Liebe zum Leben nicht lassen können und aus Eifersucht auf die Jungen und Gesunden dem ganzen Lebendigen in Horrorvisionen den Garaus machen. Er will nicht seufzend in Erinnerungen kramen und auch keine Fotos hinterlassen. «Dann schaut sich einer die Bilder von heute an und stöhnt pietätvoll: ‹Ach, sah er da noch frisch und gesund aus!› Und denkt sich dabei: obwohl er schon halbtot war.» Bloß keine abgestandenen Tränen provozieren, keine Fäden in die Zukunft hängen lassen, mit denen jeder ein eigenes Muster des Mitgefühls sticken kann.

«Nur Kurzstories sind anständig und originell.» Sind die nicht zu absichtsvoll? «Gerade deshalb sind sie gut.» Kurzstories sinnbildlich für sein Journalistenleben – Geschichten schreiben, die auf 180 Zeilen à 40 Anschlägen ein eher peripheres Phänomen bedeutungsvoll zusammenkochen. Sein Leben – eine Shortstory mit Absicht, echt, erlebt, in allen 7200-Buchstaben-Artikeln ein Krümelchen davon, eine Idee, eine Interpretation, ein Gag, manchmal auch ein Flop. Immer ist er dabei. «Jede Geschichte zehrt an mir, aber dadurch hat sie einen Sinn.» Also doch eine mystische Überhöhung des eigenen Werks? «Nein, nur ein Beleg des eigenen Bemühens, wenn's auch nicht immer so wird, wie es soll.» Schuldgefühle? – «Jede Menge. Vor allem als ich noch nicht wußte, daß ich ‹positiv› bin.»

Schuld als Motiv für die «Strafe HIV» – eine elende Empfindung. Doch Bi-Männer schleppen häufig Schuldgefühle mit, die aus dem Dunstkreis heterosexueller Normen steigen. Kaum verwunderlich: Siebzig Prozent der Männer, die mit beiden Geschlechtern sexuelle Erfahrung haben, in den USA angeblich gut jeder zehnte, definieren sich selbst als heterosexuell, hingegen nur zwei Prozent als homo- und dreißig Prozent als bisexuell.[1] Mit der Identität übernehmen sie auch die Vorurteilsskala, auf der die Homosexuellen weit vorne rangieren. Selbst juristisch sind sie in Deutschland erst seit 1994 voll gleichberechtigt. Mit der gegen sie selbst gerichteten Doppelmoral können auch viele HIV-positive Bisexuelle ihr Leiden nur als Metapher sehen, das ihrem Sterben wenigstens einen, wenn auch negativen, Sinn verspricht.

Diese Art masochistischer Verklärung ist absolut nicht sein Ding. «Die Krankheit ist schlicht Scheiße. Nur: Sie schluckt alle anderen Gefühle weg. Wer kümmert sich um Schuld, wenn ihm ein Killer folgt!»

Das war früher anders. Damals plagte ihn häufig ein «Unbehagen, das sich wie Zähnchen anfühlte, die nur ganz leicht die Haut einritzen und sie trotzdem geschwürig eitern lassen. Irgendwie hatte ich ständig Gewissensbisse.» Ein seltsames Muster von Schuld und Beschuldigung, von Klagen und Selbstanklagen verbindet ihn mit seiner Frau. Wie eine Glucke versucht er laufend, sie vor irgendwelchen namenlosen Gefahren zu bewahren. Seine Sorge um sie schränkt ihren Spielraum gleichermaßen ein, wie er sich selbst unbewußt von ihr als der Verkörperung der heterosexuellen, vorwurfsvollen Welt umstellt erlebt. In seiner Sorge sind Schuld mit Beschuldigung, Aggressionen mit Entschuldigung gekoppelt. Ein Paradox: Weil seine Frau in Wirklichkeit nie seinen Lust- und Handlungsspielraum einengte, hatte er keine Chance, seine eigene Spießermoral, sein strafendes Über-Ich in Wut zu verkehren – das Strafbedürfnis konservierte sich und die Schuld desgleichen.

«Meine Frau ist unglaublich tolerant und einfühlsam.» Sie ist herb, schön und wirkt einschüchternd streng. Wenn sie zu zweit auftauchen, glaubt man trotzdem zu ahnen, wieso gerade sie vor fünfzehn Jahren sein homosexuelles Leben knackte. Sie ist die Familie, der Hafen, die er einst in der homosexuellen Szene in Kalifornien fand. Sie umfaßt ihn wie eine Schutzheilige und schenkt ihm die Freiheit in Geborgenheit, die als Lebenslust in Kindern aufblüht. Der japanische Gelehrte Takeo Doi beschrieb dieses in seiner Heimat *amae* genannte Lebensgefühl als einen jedem Kind zustehenden Freiraum, in dem es sich, beschützt von seiner liebenden Mutter, ausleben und entfalten kann. Diese Geborgenheit, meint Doi, findet sich vor allem zwischen Homosexuellen wieder: «Das Wesen homosexueller Gefühle liegt in amae... Und es ist in der Tat ein durch klinische Beobachtungen bestärktes Faktum, daß Homosexuelle sich untereinander einen Grad von amae gewähren, den sie vor anderen normalerweise nur sehr zögernd offen zeigen.»[2] Diese symbiotische Gemeinschaft, die Doi mit der homosexuellen Mutter-Identifizierung zu erklären versucht, ist in Japan nicht schambehaftet: «Japan ist gegenüber dem Ausdruck homosexueller Gefühle extrem tolerant... ja amae wird traditionellerweise als ein an heterosexuellen Beziehungen beteiligtes Gefühl betrachtet.»[3]

Im westlichen Psycho-Jargon heißt die Suche nach Geborgenheit schlicht «Klammern», was im Erwachsenenalter einem

emotionalen Makel bar jeder positiven Schwingung gleich-
kommt. Beziehungen müssen einer lockeren Partnerschaft zwischen Singles gleichen, um nicht der Schmach, bodenlos veraltet
zu leben, anheimzufallen. Das Heer Therapiesüchtiger, die gegen Bezahlung regredieren dürfen, zeugt von den Zumutungen
dieser rationalisierten Lebensform.

«Die homosexuelle Subkultur ist tatsächlich ‹wärmer›.» Er
muß es wissen. Bevor er seine Frau kennenlernte, hielt er sich für
«gay» (weil er «schwul» nicht mag). Mangels religiöser Werte
hält er gern auf Stil. Und viele Schwarze hätten mehr Stil als alle
Weißen dieser Welt zusammengenommen, «die sind einfach so,
wenn man sie läßt». Er weiß es aus Kalifornien, wo er vor 16
Jahren ein Semester lang studierte – «vor allem Männer!», nebenher auch noch «Computer Science», was ihn überzeugte,
Briefträger, Hausmädchen oder Journalist zu werden. Fortan
schien ihm der Blick durchs Schlüsselloch lohnender als Streif-
züge mit Schlüsselwörtern durch Datenbanken.

Metamorphosen von Keywords zu Keyholes, von gay zu bi:
Warum wechselt ein in San Francisco geeichter Homosexueller
die Orientierung? «Gegenfrage: Warum verknallt sich ein
Heterosexueller in einen anderen Frauentyp? Wieso liebt er zu
Hause eine freundlich Mollige und im Büro eine fetzige Androgyne?» Bisexuell lebende Männer berichten jedoch häufig, daß
die Sexualität mit Frauen und mit Männern unterschiedlich sei.
«Vielleicht ist es mit Männern körperlich intimer, alles andere
ist mit meiner Frau intimer.» Jedenfalls verehrt er seine Frau,
und sie läßt ihn nie im Stich. Sie hat seinen langjährigen Freund
regelmäßig zum Essen eingeladen, ohne daß sie auch nur einmal
die Contenance verlor, sie hat ihm sogar über Liebeskummer
hinweggeholfen. Das erinnert fatal an eine «Show of Force»,
eine tägliche Parade der Stärke, um den Feind einzuschüchtern.
Doch er braucht ihren unerschütterlichen Durchhaltewillen.

Konnte er denn ahnen, daß er an seiner Frau ein solches
Prachtstück haben würde? «Nein, natürlich nicht. Aber ganz

ohne Erfahrung in Sachen Frauen war ich nicht.» Seine vorherigen Versuche scheiterten daran, daß die Freundinnen seine andere Seite («wahnsinnig interessant!») nicht wirklich akzeptieren konnten. Nichts macht den fließenden Übergang zwischen Homo- und Heterosexuellen so deutlich wie die Lust selbst, die «alles probieren» möchte ohne künstliche Grenzen zwischen den Geschlechtern. Viele bisexuelle Männer leben in festen Hetero-Partnerschaften; die Zahlenangaben schwanken zwischen dreißig und fünfzig Prozent. Soll die Ehe bürgerliches Prestige vermitteln? «Wir führen keine Scheinehe! Was ist falsch an einer Beziehung, die vor allem auf Verständnis gründet? Zeigt mir den Hetero-Ehemann, der keine andere begehrt!» Vielleicht liegt der Unterschied im nächtlichen Abtauchen in die Anonymität, in Saunas, Parks? «Welch' saubere Phantasie der richtig Gepolten, die sich ekelgeschüttelt am Verruchten delektiert! Meine Freunde waren anders.»

Nachdem ihn sein letzter Freund enttäuscht hat, möchte er keine neue Männer-Freundschaft mehr. Vor zwei Jahren, als sein damals zehnjähriger Sohn Schulprobleme hatte und er sich intensiv um den Jungen kümmerte, lachte sich sein unverheirateter homosexueller Freund einen sehr jungen Mann an. «Was heißt Mann: ein Stricher und ein Fixer!» Der Ärger, die Enttäuschung lassen noch immer sein linkes Augenlid erzittern. Offensichtlich nahm sich sein Freund einen «eigenen Jungen». «Er läßt sich noch heute von dem wie von einem unglaublich verzogenen Sohn ausnehmen. Traurig.» Die Ironie sackt weg, wo ist eine Hülle, die nackten Gefühle zu bedecken? Vielleicht in der distanzierenden Verallgemeinerung: sind bisexuelle Männer tatsächlich emotional eher an Frauen und erotisch eher an Männer gebunden? «Was scheren mich Bi-Männer im allgemeinen!» Also dann: Hat er aus enttäuschter Liebe sein Zölibats-Gelübde abgelegt? «Vielleicht. Es war schon verflucht hart. In der ersten Zeit zerriß mich fast die Sehnsucht.» Natürlich verzichtet er auch wegen seiner Frau auf Sex. Er möchte sie nicht darum bitten – und vielleicht würde es auch nicht mehr klappen. Ohne Freund springt die Zündung möglicherweise nicht mehr an. Und wie steht es mit der Angst, seine Frau anzustecken? «Nein, alle, die einmal in einer Homoszene waren, wissen, wie man Ansteckung verhindert. Es gibt genug befriedigende Praktiken, ohne ein doppeltes Gummi zu benutzen, wenn man das nicht mag.» Bi-Männer, die sich der Homoszene zugehörig fühlen, verhalten sich nach gängiger Mediziner-Meinung tatsächlich weniger risikoreich als unerfahrene, hetero-orientierte und nicht fest gebundene Bisexuelle. «Die Partner müssen immer informiert sein, sonst werden sie entmündigt.»

Er verzichtet aus anderen Gründen auf Sex: Die Mutterrolle seiner Frau ist nicht mehr zu übersehen. «Sie wird noch eine Menge Ärger mit meinem Kadaver haben. Hoffentlich werde ich Stil bewahren. Die AIDS-Pioniere hatten es da besser: Die kämpften noch, die dachten, es lohne sich. Und wenn sie geschafft waren, standen alle mit roten Solidaritätsschleifchen am Grab und riefen die Welt auf, nicht in eine mittelalterliche Hexenverfolgung zu verfallen.»

Filmreifer Stil, gewiß. Aber auch Hollywoods Glamour à la «Philadelphia» kann nicht verhindern, daß vor allem die bisexuell Lebenden mit Diskriminierungen rechnen müssen, denn sie brechen, anders als die Homosexuellen, auch in die «saubere Welt» der Heteros ein.

Alles, was AIDS an Ängsten spiegeln kann, wird sich vielleicht als Haß gegen Bisexuelle richten, die qua Definition als untreu gelten, als jene, die sich nie eindeutig entscheiden wollen, die auf beiden Seiten nur das Beste suchen, ohne je dafür zu zahlen.

Die Todesdrohung AIDS verstärkt möglicherweise gerade die Vorurteile gegen bisexuelle Männer. Denn an ihnen entzünden sich vor allem die männliche Angst, nicht mehr Herr des eigenen Schicksals zu sein, «weiblich-passiv» in den Todessog zu geraten. Und im bisexuellen Mann rückt die Angst vor «abweichenden» Triebimpulsen dem Hetero quasi auf die Haut, da einen Bi-

sexuellen besonders verführerisch die verdrängten homoerotischen Wünsche locken.

Je stärker die Verlockung, desto grimmiger der Widerstand.
Kollektive Wut schlägt immer als Metapher zu: eine Argumen-
ten unzugängliche Form, da sie abgetrennt vom eigentlichen Ge-
genstand untergründig agiert. Verfolgte Randgruppen verwei-
sen stets auf das Verdrängte der Verfolger. Bisexualität ist die
Folie des Eruptiven, Freien, des emotional Ungebundenen, Au-
tonomen, vielleicht sogar des Anarchischen, Archaischen und
Aggressiven… – und diese Begierden entsprechen den kollektiven Anfechtungen, den Angstmachern vor der infizierenden
Verlockung. In der tödlichen AIDS-Infektion finden die Ängste
ein Symbol der Strafe für den destruktiven Teil der Sexualität
und in den Infizierten jene, die sich der «schlechten» Sexualität
hingeben, mithin das Böse selbst. Deshalb warnt Susan Sontag
davor, «Krankheit als Metapher»[4] zu verwenden – das wird
sich nicht gegen eine Krankheit, sondern die kranken Menschen
richten.

Was heißt unter diesem Damoklesschwert noch bewußt leben? «Keine Erinnerungen an wühlende Leidenschaften mehr,
keine an die erschreckend schönen Ängste vor Selbstauflösung,
keine an den unendlichen Sog von Verliebtheiten – auch keine an
Gesichter von Enttäuschten und Gekränkten. Aus dem ‹Come-
together›-Trip in die anonyme Ruhe zu gleiten, sich im Strom
treiben zu lassen. Das wäre ganz phantastisch, wenn ich eine
Rückfahrkarte ins Chaos hätte.» Noch einige gute Geschichten
schreiben, einen pfiffigen Schluß für seine eigene Kurzstory finden. Zum Beispiel? «Er überlebte als göttlicher Hermaphrodit,
da er die unsterbliche Liebe fand.» In einem Mann oder einer
Frau? «Egal, Hauptsache, er lebt.»

## Doppelte Scham

Als der Mensch zum Menschen wurde, entkoppelte sich seine Sexualität von seiner biochemischen Natur, von Brunft und Eisprung, und entfaltete ständige Kopulationsbereitschaft. Sind wir gerade Zeugen, wie sich die Sexualität vom Geschlecht oder gar vom Menschen überhaupt befreit?

Was wird aus der Sehnsucht? Wird das ohne festes Ziel umherirrende Sehnen schlußendlich nur nach sich selber suchen? Ein gewagtes Szenario:

Wo ist der Romeo, der sich zu Tode sehnt nach seiner Julia? Und wo die Angebetete, die ob des Ansturms der Gefühle schamhaft errötet? Noch nicht allzu lange ist es her, da galt die Sehnsucht als der Liebe schönster Ausdruck und Scham als die tiefste Anmut der verliebten Frau. Heute, wo Befriedigung und nicht Verzicht erwartet wird, wirkt beides arg verstaubt. Trotzdem haben sich weder die Sehnsucht noch die Scham verflüchtigt.

Nicht mehr die Liebe diktiert die Sehnsucht, sondern die Angst vor Scham. Scham, daß das großartige Ich überhaupt noch andere braucht, Angst, gekränkt, gedemütigt, beschämt, nicht akzeptiert zu werden. Schamangst hält das Verlangen wach, macht aus dem Sehnen eine Sucht, die die Hoffnung auf stets neue Befriedigungen wachhält. Denn die Sehnsucht nach der einmaligen Liebe kann für verletzliche Seelen tödlich sein, wenn sich die Hoffnung nicht erfüllt.

Die Sucht nach dem Sehnen hat in der bisexuellen Liebe eine

geradezu ideale Form gefunden, trägt doch Bisexualität einen Stachel, eine zweite, nicht befriedigte Seite, die nach dem immer anderen verlangt. So kann sich die Sucht nach dem Sehnen als Selbstzweck geben, der verschleiert, was er in Wirklichkeit ersehnt: Unendliche Liebe, die das verzagte Selbst zu jener Grandiosität anwachsen läßt, in der es sich selbst phantasiert.

Doppelte Sehnsucht – das Gefühl kennt Lisa. Sie ist bisexuell und stolz darauf. Mit Scham allerdings, dazu noch doppelter, weiß sie nichts anzufangen. Ein bekümmertes Gemüt würde ihrem Nimbus als Erfolgsfrau schaden, die lustbetont und selbstbewußt Karriere macht. Nichts ist für diesen Glanz entbehrlicher als Scham.

Lisa ist selbständige Modistin, selbstverständlich extravagant und mit einer Sensibilität begnadet, die osmotisch Trends von übermorgen aufnimmt. Ihr Feeling sichert ihre Existenz und ihr emotionales Gleichgewicht. Feeling muß es auch gewesen sein, in der kaum möblierten Wohnung seltsame Stuhlobjekte zu verteilen, die feindseligen Resten eines Drahtzauns oder teutonischen Hinkelsteinen gleichen. Wie diese Werke stilvoll und sicher zu behocken sind, weiß nur Lisa. Feindesland auch für die Augen. Sie leiden unter den futuristisch monströsen Farbkombinationen und überdimensionalen Aktphotos, selbstverständlich auch von Lisa selbst, worauf sie gerne hinweist, so es jemand diskret übersehen will. Nur die Füße haben Freizeit: Sie dürfen sich im weichen Teppich aalen. Schuhe sind an der Türe abzugeben.

Wie vom Blitz getroffen bemerkt Lisa offenbar, daß der leicht bröckelnde Lack ihrer roten Zehennägel nicht zum giftvioletten Teppich paßt. Ihr Blick flattert wie der eines Kindes, das gleich in Tränen ausbricht; schnell stopft sie den rechten Fuß unter den linken Oberschenkel. Doch der Sessel sperrt sich gegen den zweiten Fuß, der als Monument des Ab-Geschmacks auf dem Teppich steht. Etwas Ironie käme Lisa jetzt gelegen, um ihre Pein zu überbrücken. Doch vorerst arbeitet sie noch daran wie überhaupt an der «ästhetisch-intellektuellen Politur», die sie an ihren Freunden so ungeheuer schätzt und in deren Ambiente sie auflebt. Die kleine eckige Brille stimmt bereits, auch die latschigen Einkaufsschuhe der In-Marke unter den Sportswearproduzenten. Und natürlich ihre Bisexualität. Ihre Neigung ist der Garant dafür, daß über sie nie monogame Verdächtigungen verbreitet werden.

Lisa deklariert die Bisexualität zur einzig «echten» und vor allem avantgardistischen Sexualität, nicht spießig, nicht verklemmt. Zur Show getragen wird sie vorzugsweise öffentlich, als sichtbares Attribut und doch wahrhafter Ausdruck der Persönlichkeit. Zu gerne erzählt sie von ihren doppelbödigen Abenteuern, die von sexueller Lust handeln, aber eigentlich vom großartigen und begehrten Selbst berichten. Eine in Variationen auftauchende Grundfigur ist die eifersüchtige Freundin, ab und zu ergänzt durch einen Mann, dessen Eifersucht nur zu bändigen ist, indem er mit Lisa und ihrer Freundin gemeinsam das Bett teilen darf. Zentrum aller Sex-Geschichten bleibt jedoch Lisa. Auf sie konzentriert sich alles. Ihr Habitus, der zeitweise einem virilitäts-mimenden Rotlichtviertel-Streuner ähnelt, unterstreicht den Anspruch, Ziel der Aufmerksamkeit zu sein. Und sie genießt die Wirkung.

Geliebte findet Lisa fast in allen Lebenslagen, sei es, wenn sie ihre Kollektion vorstellt, was sie in einen erotisierenden Streß versetzt, sei es, wenn sie auf der Antiquitätenmesse nach extravaganten Accessoires stöbert, oder in ihrem Bekanntenkreis, der für viele Sexspiele offen ist. «Hier finde ich die beste bisexuelle Aura. Meine Bekannten sind offen für Experimente.»

Bi zu sein hat Chic in einer semi-künstlerischen Szene, zu der lokale Starfotografen, Förderer des Theaters, selbsternannte Intellektuelle, Nachwuchs-Moderatorinnen zählen und einige Krypto-Prominente, von denen niemand mehr so richtig sagen könnte, wofür sie einstmals Ruhm einheimsten. Aber niemand fragt. Denn Lebensläufe tragen die Handschrift vieler und nicht nur der Betroffenen selbst. Deshalb ist es wichtig, stets präsent und akzeptiert zu bleiben.

Lisa kann nicht genug von ihren Bekannten schwärmen. Sie glorifiziert sie, wie ein Kind seine Eltern idealisieren sollte. Trotzdem: Mehr als nur ein Gefühl, sich unter den richtigen Leuten zu bewegen, können sie nicht bieten. Und nur das sucht Lisa, keine Herausforderung, keine Anregung, nur Dabeisein, um das magere Selbst in der Szene aufzuplustern und zu stabilisieren.

Hier werden Sexgeschichten – wer treibt's mit wem und warum – noch immer gern herumgereicht. Sex hält sich als Thema, weil es noch kein besseres gibt, um Souveränität und Autonomie zu demonstrieren. Deshalb drängt Lisa auf eine Schlafzimmerbesichtigung. Und in der Tat ist ihr Matratzenfeld ganz beachtlich. Doppelte Doppelgröße ihrer Spielwiese für ihre doppelte Sehnsucht? Sie nimmt das Stichwort gerne auf: sie liebt die Selbstdarstellung, die erst maskiert, dann immer wirklicher erscheint, je länger Lisa plaudert. Zum Beispiel über doppelte Sehnsucht: «Im Halbschlaf merke ich, wie sich der Kopf meines Freundes langsam auf meinen Körper senkt, meinen Hals, meine Schultern küßt, allmählich sanft nach unten gleitet zu meiner Brust, meinem Bauch. Es ist toll, und ich will es nur genießen, nichts anderes, halb wach und halb im Traum. Ich will nur Lust. Und plötzlich ist der Küssende nicht mehr mein Freund, sondern eine Frau, sportlich, schlank und entschlossen, eigentlich meine Freundin, doch in einem anderen Körper. Hellwach betrachte ich den Bettgenossen – und sehne mich nur noch nach meiner Freundin. Die Realität wird unerträglich.»

In diesen Augenblicken verläßt Lisa meist das Bett, ohne Vorankündigung, ohne Entschuldigung, hockt sich vor den Fernsehapparat und ergibt sich der nächsten Sendung. Im Dunstkreis dieser Daueraction kapitulieren reale Gefühle; Monotonie greift nach dem Innenleben. Stumm, irritiert und tief gekränkt nimmt ihr Freund die Abfuhr hin. Murren wäre schlechter Stil, was soll Lisa schon gegen ihre Gefühle machen? «Ich habe ein Recht darauf, sie zu verwirklichen.» Sie bestimmt Nähe und Distanz und wieviel von beidem sie gerade will.

Vor elf Jahren verwirrte sie ihr innerer Zwiespalt noch. Sie war neunzehn und verliebt in einen jungen Mann. Trotzdem tauchte hartnäckig vor ihrem inneren Auge, real und fast physisch greifbar, dieses Mädchen auf, das wie sie Mode und Design studierte. Irgendwann ging sie mit ihr ins Kino, zwei Wochen später machten sie zusammen eine Radtour, dann kochte Lisa ihrer neuen Freundin ein opulentes Abendessen – und irgendwann in dieser Nacht, angeheizt vom Wein, den sie beide nicht besonders gut vertrugen, kamen sie sich nahe, noch schüchtern erst und von der Freundin etwas abgewehrt.

Mittlerweile gehören Wechselgefühle schon fast zu Lisas Alltagslust. Wenn sie sich besonders hingebungsvoll der Liebe widmen will, taucht der oder die jeweils andere auf. Um dem Zwiespalt zu entkommen, der sie anfänglich noch ziemlich nervte, versuchte sie vor fünf Jahren wenigstens phasenweise monosexuell zu leben. Erst entschied sie sich für ihre Freundin – und scheiterte. Nach sechs Wochen hatte sie die Freundin satt, «total». Das Debakel wiederholte sich noch heftiger mit ihrem nächsten Freund. Mit ihm tauchte sie Hals über Kopf in eine symbiotische Beziehung ab, sie hätschelte und bekochte ihn, dafür hegte er sie wie eine Prinzessin – ein Gefühl, das sie eine Weile vor Glück überwältigte. Vielleicht zwei Monate lang. «Dann fühlte ich mich mehr und mehr leer, sobald ich von ihm getrennt war, ich hielt keinen Augenblick mehr ohne ihn durch und telefonierte dauernd hinter ihm her. Aber ich brauchte noch drei Monate, bis ich den Absprung schaffte.» Eine befreundete Psychotherapeutin diagnostizierte «narzißtische Persönlichkeitsstörung» und half ihr beim Absprung – auch mit Sex.

Über diese Freundin kam Lisa in ihren jetzigen Freundeskreis und lernte, ihre seelischen Kapriolen imagesteigernd darzustellen. Hellsichtig nennt sie ihre Ambivalenzen Masken, mit denen sie nach Lust und Laune spielt, wo es ihr im Augenblick gefällt.

Und das ist dort, wo sie Single bleibt und andere sich um sie bemühen. In dieser Rolle und hinter dieser Maske ist sie sich selbst am nächsten, fühlt sich bestätigt und autonom.

Was Lisa als libidogewaltige, unstillbare Sehnsucht der Bisexualität zu Markte trägt, ist in Wirklichkeit unstillbare Sucht nach immer neuen Objekten, die sie lieben, sie bestätigen und stärken sollen. Sie will primär nicht Lust erleben, sondern andere für sich gewinnen. Geschickt projiziert sie ihre Wünsche und Ängste auf andere, und wenn sie sich nach ihr sehnen, läßt sie sie fallen. So erhält sie sich die Liebe der Sehnenden. Aber sie erhält immer nur einen Abklatsch dessen, was sie ersehnt.

Die Gefahr ist groß, daß andere versuchen, das gleiche Spiel mit ihr zu treiben. Denn die Angst vor Scham geht unter den narzißtisch-verletzlichen Seelen um. Hinter dem Glauben an das Individuum und seine Selbstverwirklichung lauert die Sehnsucht nach Eingebundensein, Identität, Geborgenheit. Das ist die eigentliche Kränkung des Narziß, daß er sich nach dem anderen sehnt, obwohl er sich als allmächtig und autonom phantasiert. Diese Schande droht sich zu verdoppeln, wenn der andere nicht bereit ist, Liebe zu geben und das großartige Selbst zu bestätigen. Deshalb hält Lisa ihr Verlangen auf Distanz, interpretiert es zur Bedürftigkeit der anderen um.

Das Gerede von der schamlosen Zeit scheint nur einem Ziel zu dienen: allzu bedrohliche Schamgefühle massiv abzuwehren. Denn Scham greift nach dem ganzen Menschen und stellt sein Selbst in Frage – eine für Narzisse zerstörende Emotion. Beschämt wird, wer sich heute unabhängig fühlt und schon morgen merkt, daß er andere braucht. Beschämt wird, wer sich wünscht, von wärmenden Armen umfangen zu werden, und abschätzende Blicke erntet. Scham ist eine Urangst, mit der sich der Mensch seit der Vertreibung aus dem Paradies – oder aus dem Mutterschoß – herumplagt.

«Scham... ist die nicht zu beseitigende Erinnerung des Menschen an seine Entzweiung mit dem Ursprung, sie ist der

Schmerz über diese Entzweiung und das ohnmächtige Verlangen, sie rückgängig zu machen... Scham ist ursprünglicher als Reue.»[1]

Der Schöpfungsmythos hält diese kollektive Erinnerung als Vertreibung des Menschen aus dem Garten Eden fest. Nachdem Adam und Eva von der verbotenen Frucht gegessen hatten, wurden sie sich ihrer Nacktheit bewußt, und sie schämten sich. Nacktheit symbolisiert in der jüdisch-christlichen Kultur Erniedrigung des Körpers, der seitdem als Quell des Lasters betrachtet wird. In der heutigen Sexual- und Reinlichkeitserziehung, die immer noch mit Ekel und mit Scham arbeitet, fällt ein alttestamentarischer Schatten auf den Körper und seine Funktionen – und damit auch auf die Sexualität.

Und: Nacktheit ist das Gleichnis für Einsamkeit, für das Getrenntsein von Gott und von den Menschen, für das Bewußtsein der eigenen Kleinheit und Unvollkommenheit, für das Wissen, bedürftig zu sein. In ihren Mythen offenbaren alle Kulturen Urerlebnisse des Menschen und der Menschheit, individuell erlebte, aber allen widerfahrene Erlebnisse, die den Menschen mit dem Schicksal der Menschheit verknüpfen. Geburt, Liebe, Zeugung, Angst, Einsamkeit oder Tod finden im Mythos eine sinn- und gemeinschaftsstiftende Erklärung.

Das einsam In-die-Welt-geworfen-Sein ist das narzißtische Trauma schlechthin, eine latent in allen schlummernde Furcht. Es ist auch Lisas Urangst. Denn sie verfügt über kein stabiles Selbstwertgefühl. Obwohl sie von ihren Eltern stark verwöhnt wurde, hat sie offenbar keine positive Imago, kein positives unbewußtes Vorbild ihrer Eltern. In Wirklichkeit sind Mutter und Vater liebenswürdig, wenn auch mit einem kleinbürgerlichen Geruch nach Schrebergarten und Desinfektionsmitteln. Nörgelig und unzufrieden, wie das verwöhnte Kind, das sie immer war, beklagt sie sich über ihre Eltern. Nichts Besonderes bringt sie vor, einfach eine larmoyante Litanei, die verrät, daß der Grund der Klage tiefer steckt als nur im falschen Erziehungsstil. Sie konnte sich von ihren Eltern nie lösen, weil sie noch immer abhängig ist von bewundernder Liebeszufuhr. Hinter ihrer demonstrativen Selbständigkeit als Karrierefrau verkriecht sich ein Selbst, das versucht, seine Brüchigkeit durch Anpassung, den fehlenden, tiefwurzelnden Halt, das fehlende Über-Ich, durch ein breites Wurzelwerk zu ersetzen.

«Das Über-Ich, das ist die Bibel, aber der Narzißmus, das ist Gott, der Allmächtige», analysierte ein Patient von Bela Grunberger. Das Individuum unserer Zeit ist König, Herrscher, Gott, und die Selbstverwirklichung ist sein Recht. Während das Über-Ich menschliches Verhalten regelt und bewertet, sucht Gott, der metaphorisch für den Narziß steht, nach Spiegelung: «Gott schuf den Menschen ihm zum Bilde, zum Bilde Gottes schuf er ihn», heißt es in der Schöpfungsgeschichte. Und genauso, wie Gott vom Menschen enttäuscht und verraten worden ist, droht auch dem Narziß ständig unendliche Verletzung.

Freundschaft wird für das Heer fragiler Narzisse, die die westlichen Industrienationen bevölkern, zum Wagnis und sexuelle Intimität zum Sprung vom Zehn-Meter-Brett. Eine Bauchlandung verwundet den ganzen Menschen mitsamt seinem heroischen Selbst. Das ist die Scham, die jede intime Beziehung bedroht.

Mit einem Kunstgriff versuchen die verletzlichen Seelen, diesen Ärger loszuwerden: indem sie Sexualität schier unbegrenzt enttabuisieren. Je freier und weniger schambehaftet die Sexualität erscheint, so das Rechenexempel des kollektiven narzißtischen Unbewußten, desto weniger kann sie das Selbst bedrohen. Eine Austreibung des Teufels mit dem Beelzebub, die janusköpfig bleibt. Denn Sexualität hat immer (noch) mit anderen Menschen, mit Kontakt, mit seelischer Chemie, zu tun. Die Tabubrüche öffnen zwar den Zugang zu vielen Intimitäten und erhöhen die Chancen der Lust. Sie lassen aber auch Kränkungsängste wachsen, die zu neuen Grenzüberschreitungen treiben. Unter narzißtischen Vorzeichen betrachtet, kann Sexualität gar nicht schamfrei sein – auch wenn sie keine Tabus kennt. Und enttabuisierte Bisexualität kann doppelt enttäuschen und beschämen: wenn sich beide Geschlechter verweigern, beide die Sehnsucht nach Selbsterhöhung, nach Spiegelung und symbiotischer Liebe nicht befriedigen, wenn beide nur auf die eigene Befriedigung erpicht sind.

Damit sich in dieser Spirale der «befreiten» Sexualität das Individuum nicht verliert, werden Parzellen abgesteckt, auf denen neue Identitäten erstehen. Homosexuelle, Fetischisten, Sadomasochisten, Bisexuelle – alle suchen ihre Identität in sicher umgrenzten Sexualitäten, in denen jeder sich im anderen spiegeln kann. Sie sind eine Ersatzplazenta für den verlorenen Mutterschoß.

Deshalb beklagt der Neurologe und Psychiater Ulrich Gooß, daß Bisexuelle «keine Welt haben, die ihrer sexuellen Verfaßtheit entspräche». Ganz selbstverständlich nimmt er an, daß dies eine der entscheidenden Triebfedern sei, sich zu organisieren, um «‹bisexuelle Orte› zu schaffen... an denen sie nicht... auf Partner/innen... treffen, die sie auf die jeweilige Monosexualität festlegen wollen». Diese Szene würde, meint Gooß, die Schamangst reduzieren. Da aber eine zweigeteilte Heimat keine richtige ist, muß auch Gooß hinterrücks die Bisexualität wieder auf eine Monosexualität reduzieren. Denn eine eigene Bi-Wirklichkeit und -Identität zu schaffen würde bedeuten, daß Bisexuelle «dann nicht mehr zwei Welten haben, aus denen sie hin- und herpendelnd das jeweils Beste herausnehmen könnten»[2], sondern eine einzige festgefügte Welt.

Geben die Bisexuellen tatsächlich ihre «doppelte Lust» für eine einzige Heimat auf, in der sie leben können, ohne sich vor Verletzung oder Kränkung zu fürchten? Die Angst, die heimatlose Bisexuelle stets begleitet, scheint für manche doch größer als die Freiheit der Lust. Sie wollen die Sehnsucht ohne die Scham, Verlangen mit der verbrieften Sicherheit, daß sich die anderen dem eigenen Spiegelungswunsch nicht entziehen. Denn das ist

Heimat oder Szene oder In-Group: eine Identität, ein Ideal-Ich, das unverletzbar bleibt.

Ähnlich wie Katharina (s. Kap. «Lesbisch oder bi?») sucht auch Lisa eine stabile bisexuelle Identität. Während Katharina allerdings die Bisexualität selbst zum Szene-Fokus machen will, sehnt sich Lisa nach einer Lifestyle-Szene, in der ihr bisexuelles Ideal-Ich gloriose Identifizierungsobjekte findet: «Das Ideal-Ich offenbart sich durch leidenschaftliche Bewunderung für große Persönlichkeiten der Geschichte oder des zeitgenössischen Lebens, die sich durch ihre Unabhängigkeit, ihren Stolz, ihren Einfluß auszeichnen.»[3]

## High-Tech-Nomaden

Hyperflexibel, hypertechnologisiert, hyperaktiv, hypersexualisiert – und allein: So lebt, glaubt man den Propheten unter den Philosophen, der Mensch der Zukunft, ein High-Tech-Nomade, die Steigerung seiner selbst. Mit Walkman, Minirechner, Funktelefon, Laptop oder Palmtop bewegt er sich im geschlossenen Kreislauf seiner eigenen Welten und seiner selbsterschaffenen Identitäten, die sich ändern und an wechselnden Moden und Außenwelten orientieren. Kommunikation ist für ihn Leben, trotzdem geht er keine Bindung an diese Wirklichkeiten ein.

Die perfekte Sex-Version des High-Tech-Nomaden ist die autarke Stimulations- und Befriedigungs-Monade. Clean, rationell und effektiv, ohne seelischen Aufwand und Hautkontakt holt er sich, was er braucht – wo und wann er will. Auch mit wem er will. Eine unendliche Vielfalt sex-stützender Lust-Software bietet artifizielle Marionetten, die sich jedem visuellen Bedürfnis, ob hetero, homo oder bi, anpassen lassen, ohne Versagensängste und ohne Scham. Die Schwelle zur Lust ist niedrig und der Schritt von den gewohnten zu neuen Sexpraktiken sehr klein. Spielerisch können Ausflüge mit Rückkehrgarantie erprobt werden. Bereits auf einem Kurztrip durch die Sümpfe eines CD-Rom-Pornos wächst das Phantasie-Potential enorm. Und wem die reine virtuelle Welt fleischloser Sexartisten vielleicht doch zu artifiziell erscheint, kann interaktiv über PC und Datenleitung scharfen Kabelsex mit Gleichgesinnten tauschen – bisher zwar nur schriftlich, aber durch Telefonsex mündlich zu erweitern.

Wenn das Individuum für die Liebe unbedeutend wird und

der Bildschirm die Sexualität dirigiert, stimuliert Technik die Erotik und nicht das Geschlecht. Am Bildschirm trainiert der Nutzer risikofreie Lustoptimierung. Die Sexobjekte stehen ganz in seinem Dienst, offerieren sich in allen beliebigen Posen und bestätigen immer nur seine Potenz- und Größenphantasien.

Ständig abrufbarer Heterosex ist bei diesen digitalen Spielen eine Einstiegsdroge. Auch Ellis begann mit einer «stinknormalen» virtuellen 3-D-Frau, die eckig mit dem Hintern wackelte, wenn er bei Programmierarbeiten kurz auf «Cindy», seine virtuelle Geliebte, umschaltete. Den beziehungsreichen Namen für die Kunstlady wählte er bewußt. Damit lag er im Mainstream der übergeschlechtlichen Wunschphantasien. Cindy Crawford ist eine der ersten androgynen Sex-Vorlagen, die Männer und Frauen gleichermaßen zu Selbstlust aktiviert. Mittlerweile holt er sich als Fortgeschrittener «viel heißere Sachen» auf den Bildschirm, die er selber manipuliert.

Aus der «Normalo-Anmache» ist Ellis ausgestiegen, nun herrscht er über Frauen und über Männer, nimmt sich von beiden, was ihm augenblicklich Spaß macht. Wie in Spacelab-Spielen läßt er verschwinden, wer ihm nicht mehr gefällt. Sein Wunsch ist es, mit einem bisexuellen Paar interaktiv über den «scharfen PC-Draht» zu kommunizieren. Per Mailbox sucht er bereits nach Kandidaten, die ihm ihre Phantasien schreiben. «Vielleicht mache ich etwas daraus.» Was, das will er nicht verraten. «Auf alle Fälle etwas Besseres als die altbackenen Pornos.» Eigene Sex-Phantasmen zu digitalisieren oder gar in intelligible Computerprogramme umzugießen, die bei jedem orgiastischen Solo-Durchgang die neuen, vom jeweiligen Benutzer luststeigernd eingesetzten Versionen lernen, reizt Ellis ungemein – eine ganzheitliche Herausforderung an die Kreativität. «Geistige mit körperlicher Genialität zu koppeln müßte absolute Kunst ergeben.»

Trendgurus prophezeien, daß derlei unpersönlicher Techno-Sex den letzten Rest sonntäglicher Zärtlichkeit erschlägt. Überlegen apostrophiert Ellis die Bedenkenträger als Dinosaurier: «Riesiger Leib und kleiner Kopf. Oder – übersetzt – wenig geistvolle Phantasie und viel körperlicher Frust. PC-Erotik öffnet ein Erlebnis-All, vor dem die Schlichtträumer nur erzittern können.» Seine eigene Bisexualität entdeckte er auf einem dieser Space-Trips. «Das war eine tolle und gute Überraschung.» Paritätisch nutzt er seitdem beide Geschlechter. Personenbeschreibungen, die seine Bi-Aktivitäten belegen, besitzen den Charme eines Polizei-Steckbriefs, mit dem nach Sexualstraftätern gefahndet wird. Es sind exakt definierte, unpersönliche Figuren, klar, widerspruchsfrei nur auf Sex konzentriert.

Künstliche und reale Welten überschneiden sich in Ellis' Wahrnehmung, doch es war das Artifizielle, das ihm zur Selbstannäherung verhalf. Mit der Technik fühlt er sich vertraut, sie kann ihn nicht so schrecken wie der Abgrund seiner Seele oder die irritierende Spezies Mensch im allgemeinen. Erst über den Computer hat er intimen Kontakt zu anderen aufgenommen. Davor war er eine Schnecke, in sich zurückgezogen, zwittrig desinteressiert am Geschlechtlichen. Zu seinem Vater, der sich vor Diskussionen drückte und als väterliches Vorbild voll und ganz versagte, fand er nie Kontakt, er war ihm fremd und fast unheimlich. Wahrscheinlich war das Unbehagen gegenseitig. «Irgend etwas hatte den Mann zu früh aus einer vielversprechenden Karriere geworfen. Und irgendwann verließ er uns, oder eigentlich meine Mutter.» Damit ist seine Mutter nie fertig geworden. Sie weinte manchmal tagelang und stierte dann wieder vor sich hin. Ihren Sohn überschüttete sie hin und wieder mit Zärtlichkeiten und Geschenken, dann vergaß sie ihn für Tage oder Wochen. Erziehung? «Was ist das, eine Oma, die alle paar Wochen versucht, nach dem Rechten zu sehen?»

Blaß, zu aufgeschwemmt für seine 26 Jahre, in Lack-Lederhosen und schwarze Stiefel eingezwängt, den Kopf im Rumpf versunken, hockt Ellis vor seinem Laptop und redet wie mit einer seiner virtuellen Marionetten. Die kurze Demonstration einer virtuellen Boudoir-Begehung hinterläßt den faden Nachgeschmack, ungewollt einem Schlüsselloch-Erlebnis beigewohnt zu haben. Seine bisexuellen «Echt-Sex-Geschichten» dagegen könnten aus Konservendosen sein. Nie fällt ihm ein, daß auch ihn der eigene Konversionstrick narrt; vielleicht entdeckten nicht die Flimmerpornos seine Bisexualität, sondern sie befreiten seine Sexualität von der «niederdrückenden» Lebendigkeit der echten Version. Entschlackt von allen Wirrnissen und Forderungen beseelter Wesen, kann Ellis keimfreien Sex in jeder Kombination verkraften. Und er tut es, glaubt man ihm, extensiv, süchtig und besessen. Besonders wenn er nach Möglichkeiten sucht, seine Software lüstern aufzurüsten.

Reale «Nummern» müssen da schon etwas Besonderes bieten. Am liebsten ist ihm Extremsex, unbelastet von Projektionen, möglichst anonym mit Unbekannten, was «leider bei Frauen etwas Überredungskunst benötigt, da sie unbekannten Männern gegenüber meist Vorbehalte haben». Trotzdem hat er erstaunlich oft Erfolg, nach eigenen Schilderungen häufig bei attraktiven Frauen: «Die wollen ihren Appetit stillen und nicht nur von den Triefaugen ihrer Anbeter leben», interpretiert er schlicht.

Ellis ist kommunikationsfreudig, aber bindungsschwach. Er hat eine stattliche Anzahl Freunde, doch erreichbar ist er nur selten. Ein Anrufbeantworter wehrt alles ab, was ihn von seiner Arbeit als selbständiger Programmierer weglocken könnte. Sein Job ist auch sein Hobby. Im Augenblick sitzt er im ICE gen Süden, er besucht ein geowissenschaftliches Institut, für das er regelmäßig programmiert. Der Job sichert ihn vor «Abtauchern aus der Wirklichkeit», seine Chiffre für Depressionen, Alkohol und Hasch.

Depressiv war Ellis besonders in der Pubertät, Alkohol und andere Drogen lernte er in der Gymnasialzeit kennen. Vor elf Jahren packte ihn die Lust am Hacken. Er schaffte weite Strecken durch das internationale Rechnernetz, immer am Abgrund des pubertären Spiels zum Realkrimi. Nach zwei Jahren verlor er den Spaß an der Sache – und sackte in ein schwarzes Loch. Vielleicht fiel erst der dunkle Schatten auf die Psyche, und dann verlor er auch den digitalisierten Jagdtrieb. Er kann's nicht sagen.

Mit Hasch und Alkohol entrückte er ein halbes Jahr der Welt. «Es wurde schwarz um mich. Zur Schule ging nur noch meine Hülle.» Sein Kommunikationsweg mit der Außenwelt war verstopft, Rückzug in die Innenwelt nur konsequent. Wie er wieder an die Oberfläche kam, weiß er nicht mehr so genau, nur daß ihm dabei sein Ruf als brillanter Informatik-Schüler half. Er spornte ihn zu neuer Leistung an. Seitdem ist er dem Computer «treu» geblieben, der ihm die Liebe «mit exklusivem Sex» lohnt. Denn seine Software kennt theoretisch keine Grenze, was für Sex das A und O sei. Ellis fühlt sich großartig ungebärdig, wie ein «Eros-Maniac».

Rauschhaft erlebt er seine Sexualität als kreative Macht über andere: je mehr Objekte er benutzen kann, desto gewaltiger erlebt er sich selbst. Karen Horney beobachtete 1951, daß eine Ursache bisexuellen Verhaltens der Wunsch sein könnte, Menschen beiderlei Geschlechts zu dominieren oder zu «besitzen».[1] In diesem als Kommunikationsstörung eingestuften Machtstreben äußert sich narzißtischer Größenwahn, eine Hybris, ständig vom Gefühl der Minderwertigkeit bedroht und deshalb permanent auf der Suche nach Hochgefühlen. Ellis kennt seine Sex-Sucht, und er genießt sie angeblich auch: «Besser als Drogen und mein einziges körperliches Training. Ich muß nicht einmal onanieren, um vor dem Bildschirm high zu sein.»

Als echter «Porno-Junkie» erlebt Ellis den Erregungszustand wie ein Süchtiger. Gierig und ängstlich versucht er den Erlebnisstrom nie stocken zu lassen. Das gilt für alle Süchtigen, wie Battegay weiß: «Bei allen Süchten besteht ein unersättlicher Hunger nach immer neuen Objekten, die die innere Leere, den Zwiespalt zwischen Wollen und Können, zwischen Wünschen und Realität, zwischen Illusion und Wirklichkeit, zwischen Schein und

Sein, auffüllen sollten. Menschen, die entweder anlagebedingt oder infolge frühkindlicher Mangelerfahrungen nur ein ungenügendes Selbst bzw. nur ein beeinträchtigendes Selbstgefühl entwickeln, neigen dazu, während ihres ganzen Lebens eine Fusion mit Objekten anzustreben, durch die sie eine Verstärkung erfahren sollten.»[2] Ein «narzißtisches Loch» nennt Ammon dieses gefräßige Vakuum.[3]

Narzißmus, Sucht und Depression bilden ein weit verbreitetes Dreigestirn. Die zwischen Größeneuphorie und Depression schwankende narzißtische Persönlichkeit erlebt Bindungen zur Außenwelt als «tyrannische Intimität». Sie will sich dieser Nähe entziehen und braucht sie doch, um den verwaisten Platz innerer Werte und Richtlinien zu besetzen. Die Beziehungssucht der Narzissen ist so unersättlich, daß sie jedes Objekt verschlingt – egal ob Mann oder Frau. Fenichel nannte diese Hungrigen «Love addicts» (Liebessüchtige).[4] «Sowohl das Gehobenheitsgefühl nach Einnahme des Stoffes als auch die Einverleibung eines Objektes führen dazu, daß die Betroffenen das Gefühl haben, etwas zur Verstärkung ihres Selbstgefühls getan zu haben, wobei allerdings die narzißtische Stärkung sich bald als trügerisch erweist, weil sie nur eine passagere ist und nach immer neuen Fortsetzungen verlangt.»[5]

Im Sex drückt der «Liebessüchtige» direkt und deutlich seine Gier nach Objekten aus. Die bekannteste Form ist das homosexuelle Verlangen nach anonymen Partnern, das jene Schwulen umtreibt, die darauf fixiert sind, über anonyme Phalli die eigene Männlichkeit aufzunehmen, um sich ihre Männlichkeit zu bestätigen. Auch der Narziß jagt nach Selbstbestätigung. Manche, wie Ellis, verschlingen Frauen und Männer gleichermaßen. Diesem Sexsüchtigen wird von Forschern wie Masters und Johnson das Etikett bisexuell abgesprochen, weil nicht das Verlangen nach Männern und Frauen ausschlaggebend sei, sondern allein die Sucht. Doch, wie jede andere, hat auch diese Beziehungsform eine sexuelle Eigenart mit einer persönlichen Geschichte, selbst wenn die Sucht eine stärkere Aktualität als die Geschlechterzahl besitzt. Insofern gleicht die narzißtische der ästhetischen Bisexualität; für Ästheten rangiert auch Schönheit in der Sexualität häufig vor dem Geschlecht.

Offenbar hat die polarisierende Geschlechtertrennung ihre Macht über das Fühlen teilweise eingebüßt. Ellis wechselt zwischen den Geschlechtern genauso wie zwischen der virtuellen und der realen Welt. «Manchmal brauche ich Schwänze, manchmal eine genußsüchtige Hexe, manchmal auf dem Bildschirm, manchmal aus Fleisch und Blut.» Seine phantasierte sexuelle Macht, die er sich nur schaffen kann, weil er Realität und Simulation durchmischt, verrät die Angst des narzißtischen High-Tech-Nomaden vor Kontrollverlust. Nur virtuelle sind errechenbare Welten; Lebendigkeit droht mit Widersprüchen und Enttäuschungen, mit Abstürzen in Depressionen. Die Simulation dagegen verlangt nichts, keine Entscheidung, keine Liebesschwüre, keine Festlegung, keine monosexuelle Stagnation. Selbst gegen die Gefahr des Überdrusses, die an der Spitze der Rauschspirale lauert, schützt die virtuelle Welt, angeblich: «Die Phantasie ist schneller und sie ist unerschöpflich.»

«Ich will meine explosiven Visionen ausleben, in Bewegung bleiben, ich will das Geniale herausholen, das in mir steckt.» Dieses Feuer, meint Ellis, kann nur entzünden, wer Weibliches und Männliches zuläßt, wer sein sexuelles Genußpotential nach allen Seiten ausleben kann. Eine Sicht der Kreativität, die von vielen Künstlern geteilt wird. Überdies steigert das Pendeln zwischen den Geschlechtern das Tempo, so daß die reale Umwelt nicht mehr mitkommt. Flucht verlangt Geschwindigkeit, die schneller sein muß als der Feind. So sind High-Tech-Nomaden ständig unterwegs, unruhig flüchtend. In ihre künstlich erschaffenen Lebenswelten dringen Schlichtgemüter nicht mehr vor, und Gefühle, die Zeit zum Wachsen brauchen, kommen nicht mehr mit.

Ellis kennt seine Schimären, seine prometheische Sehnsucht,

seine Flucht, er leugnet seine Sex-Sucht nicht und erlebt seine Bisexualität als selbsterhöhend und potenzsteigernd. Und er findet alles ganz o. k. Auf diesem Ego-Trip verliert er seine Angst vor Kränkung und vor Selbstverlust und damit seine Scham. Er genießt, daß er die Zumutungen der Realität mit seiner virtuellen Vision überwinden kann. «Simulation – das ist die Machtsphäre des 21. Jahrhunderts, der Datenraum stellt die Königreiche zur Verfügung, in denen wir in Zukunft allesamt Herrscher sein dürfen.»[6] Für die kulturpessimistische Klage vom Wertzerfall des größenwahnsinnigen Individuums hat Ellis nur ein Achselzucken übrig.

Im Königreich der Simulation heißt die wahre Kunst Selbst-Manipulation. Darin liegt die Möglichkeit zur Selbststeigerung: Der High-Tech-Nomade kann sich als Objekt simulieren. Mit dieser metaphysischen Fähigkeit verändert sich die Struktur der Kommunikation, die Wahrnehmung, das Fühlen und das extremwerdende Erleben. Sexuelle Stimulation in einer virtuellen Welt mit artifiziellen Objekten zu empfinden bricht den Schutzwall zwischen Phantasie und Wirklichkeit endgültig. Ellis ist «high», ohne materielle Stimulation, er entdeckte seine Bisexualität auf dem Bildschirm, ohne einen physischen Realtest. Ein Akt der Selbst-Schöpfung.

In dieser Allmachtsphantasie hat die Bisexualität einen Ort als Spiegelbild der ästhetischen Selbst-Stilisierung, die auf das Androgyne zielt. Inneres und Äußeres sind geklont und einheitlich, Ambivalenzen und Polarisierungen aufgelöst, der Mensch vollkommen und allmächtig. Er ist wie ein fernöstlicher Gott beides, Mann und Frau, oder wie ein Androgyner, von dem Platon sagt, daß er übernatürliche Kräfte besitzt, oder wie ein Hermaphrodit, der nach Diodorus' Erzählung ein Gott ist mit einem Körper von weiblicher Anmut und einem Geist mit männlicher Kraft und Stärke.[7] Und als Doppelwesen kann er doppelte Lust erleben, mit Männern und Frauen.

Der Rausch, den dieser Gott erlebt, ist die gigantische Projektion der männlich-weiblichen Größenimago auf seine Erotik. Womit sich der unruhig nomadisierende Kreislauf der Lustmonade schließt. Vielleicht verabschiedet sich mit diesem großartigen Bi-Finale die körperliche Sexualität von der Erlebnisbühne.

# Anmerkungen

## Phantastisch

1 Charlotte Wolff: *Bisexualität*, Frankfurt/M. 1979, S. 115
2 Uwe Hartmann: *Inhalte und Funktionen sexueller Phantasien.* (Beiträge zur Sexualforschung Bd. 64), Stuttgart 1989
3 Sigmund Freud: *Die Verdrängung* (1915). GW X, Frankfurt/M. 1981, S. 250
4 Sigmund Freud: *Neue Folge der Vorlesungen zur Einführung in die Psychoanalyse* (1932). GW XV, Frankfurt/M. 1981, S. 129
5 Sigmund Freud: *Aus der Geschichte einer infantilen Neurose*, (1918). GW XII, S. 155
6 Nancy Friday: *Die sexuellen Phantasien der Frauen*, Reinbek 1993, S. 163
7 Ebd., S. 166
8 Ebd., S. 172 f
9 Christiane Gohl: *Liebe, Lust und Abenteuer – Tagträume von Frauen und Mädchen*, Pfaffenweiler 1991, S. 11

## Künstlerisch

1 Djuna Barnes: *Nachtgewächse*, Frankfurt/M. 1993
2 Colette: *Claudines Mädchenjahre* (Claudines Retraite Sentimentale), München 1993
3 Thomas Mann: *Der Tod in Venedig*, Frankfurt/M. 1993, S. 84 f
4 Ebd.
5 Oscar Wilde: *Das Bildnis des Dorian Gray*, Berlin–München 1967
6 Virginia Woolf: Ein Zimmer für sich allein, Frankfurt/M. 1989, S. 114

7 Elisabeth Badinter: *Ich bin Du. Die neue Beziehung zwischen Mann und Frau oder Die androgyne Revolution*, München 1991, S. 252 f

8 Sandra Bem: «Gender Schema Theory and Its Implications for Child Development», in: *Signs*, No. 8, 1983

9 Heinz Kohut: *Narzißmus*, Frankfurt/M. 1988, S. 364

10 Michel Foucault: *Der Gebrauch der Lüste*, Frankfurt/M. 1986

11 Wolfgang Welsch: *Das Ästhetische – Eine Schlüsselkategorie unserer Zeit?* Vortragsmanuskript zum Kongreß «Die Aktualität des Ästhetischen», Stiftung Niedersachsen, Hannover 1992

12 Ebd.

## Annäherungen

1 Richard von Krafft-Ebing: *Psychopathia sexualis* (1886), München 1984

2 Marion Luckow: *Die Homosexualität in der literarischen Tradition, Studien zu den Romanen von Jean Genet*, Stuttgart 1962, S. 18

3 Ebd., S. 23

4 Oscar Wilde: *De Profundis*, London 1950, S. 15

5 Sigmund Freud: Drei Abhandlungen zur Sexualtheorie (1904–5). GW V, S. 40

6 Sigmund Freud: Ein Kind wird geschlagen. GW XII, S. 224

7 Ebd.

8 Carl Gustav Jung, Grundwerk J 9, S. 104

9 Georg Groddeck, *Das Buch vom Es*, München 1968, S. 237

10 Ebd., S. 239

11 Gunter Schmidt: *Das große Der Die Das*, Reinbek 1988, S. 124

12 Alfred Charles Kinsey et al: Das sexuelle Verhalten des Mannes, Berlin–Frankfurt/M. 1955

13 Ulrich Clement: *Sexualität im sozialen Wandel*, Stuttgart 1986

14 Martin Dannecker und R. Reiche: *Der gewöhnliche Homosexuelle*, Frankfurt/M. 1974

15 Charlotte Wolff: *Bisexualität*, Frankfurt/M. 1979, S. 11

16 R. A. La Torre & K. Wendenburg: «Psychological characteristics of bisexual, heterosexual and homosexual women», in: *Journal of Homosexuality*, 9, S. 87–97

17  Charlotte Wolff, ebd., S. 85
18  William H. Masters & Virginia E. Johnson: *Homosexualität*, Berlin–Frankfurt/M.–Wien 1979
19  Kristine L. Falco: *Lesbische Frauen. Lebenswelt, Beziehungen, Psychotherapie*, Mainz 1993, S. 119
20  Alain Finkielkraut: *Die Weisheit der Liebe*, Reinbek 1989, S. 39
21  Kristine L. Falco, ebd., S. 118
22  Masters, W. H., Johnson, V. E., Kolodny, R. C.: *Masters and Johnson on Sex and Human Loving*, Boston 1986
23  C. David: «Rapport sur la bisexualité psychique», in: *Revue francaise de psychanalyse*, 5–6, Paris 1975

## Androgynie und Sehnsucht

1  Erik H. Erikson: *Identität und Lebenszyklus*, Zürich 1978, S. 137 ff
2  Robert L. Stoller: *Sex and Gender*, Bd. 1: *On the Development of Masculinity and Feminity*, New York 1968
3  Elisabeth Badinter: *Ich bin Du. Die neue Beziehung zwischen Mann und Frau oder Die androgyne Revolution*, München 1991, S. 190 f
4  Michel Foucault: *Der Gebrauch der Lüste*, Frankfurt/M. 1986, S. 244
5  Thomas Laqueur: *Auf den Leib geschrieben*, Frankfurt/M. 1992, S. 117 f
6  Francesca Molfino: «Neutralität, Bisexualität und Androgynie des Psychoanalytikers», in: *Psyche*, S. 570
7  Elisabeth Badinter, ebd.
8  H. Baumann: *Das doppelte Geschlecht. Ethnologische Studien zur Bisexualität in Ritus und Mythos*, Berlin 1955

## Umorientiert

1  Robert J. Stoller: *Perversion. Die erotische Form von Haß*, Reinbek 1978
2  Margaret Mead: *Mann und Weib. Das Verhältnis der Geschlechter in einer sich wandelnden Welt*, Hamburg 1958

3  Sue George: *Women and Bisexuality*, London 1993
4  Lising Pagenstecher: «Weibliche Identität, weibliche Sexualität heute: unterdrückt, revolutionär, postmodern?», in: *Kind, Jugend und Gesellschaft KJuG* 3/93, Neuwied 1993, S. 85
5  Charlotte Wolff: *Bisexualität*, Frankfurt/M. 1979, S. 251

## Spiegelnd

1  Donald W. Winnicott: «Über die Fähigkeit, allein zu sein», in: *Psyche* 6, 1958, S. 345–352
2  Jacques Lacan: «Das Spiegelstadium als Bildner der Ichfunktion», in: *Schriften I*, Olten 1973, S. 61–70

## Gleichklang der Gefühle

1  Sue George: *Women and Bisexuality*, London 1993
2  Charlotte Wolff: *Bisexualität*, Frankfurt/M. 1979, S. 85
3  Georg Hansen: «Coming Out Schwule Lehrer, lesbische Lehrerinnen», in: *Pädagogik* , 7–8/93
4  John Money and Anke A. Ehrhardt: *Männlich, weiblich: die Entstehung der Geschlechtsunterschiede*, Reinbek 1975
5  Charlotte Wolff, ebd., S. 62
6  Elisabeth Badinter: *Ich bin Du. Die neue Beziehung zwischen Mann und Frau oder Die androgyne Revolution*, München 1991, S. 255

## Narzißtisch

1  Sigmund Freud: Drei Abhandlungen zur Sexualtheorie. GW V, S. 44
2  Ethel S. Person und Lionel Ovesey: «Psychoanalytische Theorien zur Geschlechtsidentität», in: *Psyche*, XLVII. Jg., Heft 6, Juni 1993
3  Ulrich Clement: *Sexualität im sozialen Wandel. Beiträge zur Sexualforschung*, Stuttgart 1986
4  Heinz Kohut: Die Heilung des Selbst, Frankfurt/M. 1979

## Lesbisch oder bi?

1 Charlotte Wolff: *Bisexualität*, Frankfurt/M. 1979
2 3 Moses, 20.13
3 Sue George: *Women and Bisexuality*, London 1993
4 Ebd.

## «Gay» oder bi?

1 Bericht in: *The Journal of Sex Research* 5/92 über eine vom *Playboy* finanzierte Studie
2 Takeo Doi: *Amae. Freiheit in Geborgenheit*, Frankfurt/M. 1982, S. 139
3 Ebd., S. 135
4 Susan Sontag: *Krankheit als Metapher*, Frankfurt/M. 1987

## Doppelte Scham

1 Dietrich Bonhoeffer: *Ethik*, München 1949, S. 131
2 Ulrich Gooß, in: *Pro Familia-Magazin* 4/94, Braunschweig 1994
3 D. Lagache: «La psychoanalyse et la structure de la personnalité», in: *La Psychoanalyse*, Paris VI/1958

## High-Tech-Nomaden

1 Karen Horney: *Der neurotische Mensch in unserer Zeit*, Stuttgart 1951
2 Raymond Battegay: *Die Hungerkrankheiten – Unersättlichkeit als krankhaftes Phänomen*, Frankfurt/M. 1989, S. 64
3 G. Ammon: *Psychoanalyse und Psychosomatik*, München 1974
4 O. Fenichel: *The Psychoanalytic Theory of Neurosis*. London 1946
5 Battegay, ebd., S. 72
6 Matthias Horx: «Der Mensch im Jahr 2000», in: *Vision & Wirklichkeit*, München 1994
7 H. W. Jones & W. W. Scott: *Hermaphroditism, Genital Anomalies and Related Endocrine Disorders*, Baltimore 1958